W0299552

Jewgeni Samjatin

Wie der Mönch Erasmus geheilet ward

russisch und deutsch
Mit Zeichnungen von
Boris Kustodijew

1986
Insel-Verlag · Leipzig

Aus dem Russischen übertragen von Andreas Pham
Mit einem Essay von Jewgeni Samjatin:
›Begegnungen mit B. M. Kustodijew‹

© 1986 Insel-Verlag Anton Kippenberg, Leipzig
(für die Übersetzung)

ISSN 0233-1047
ISBN 3-7351-0027-9

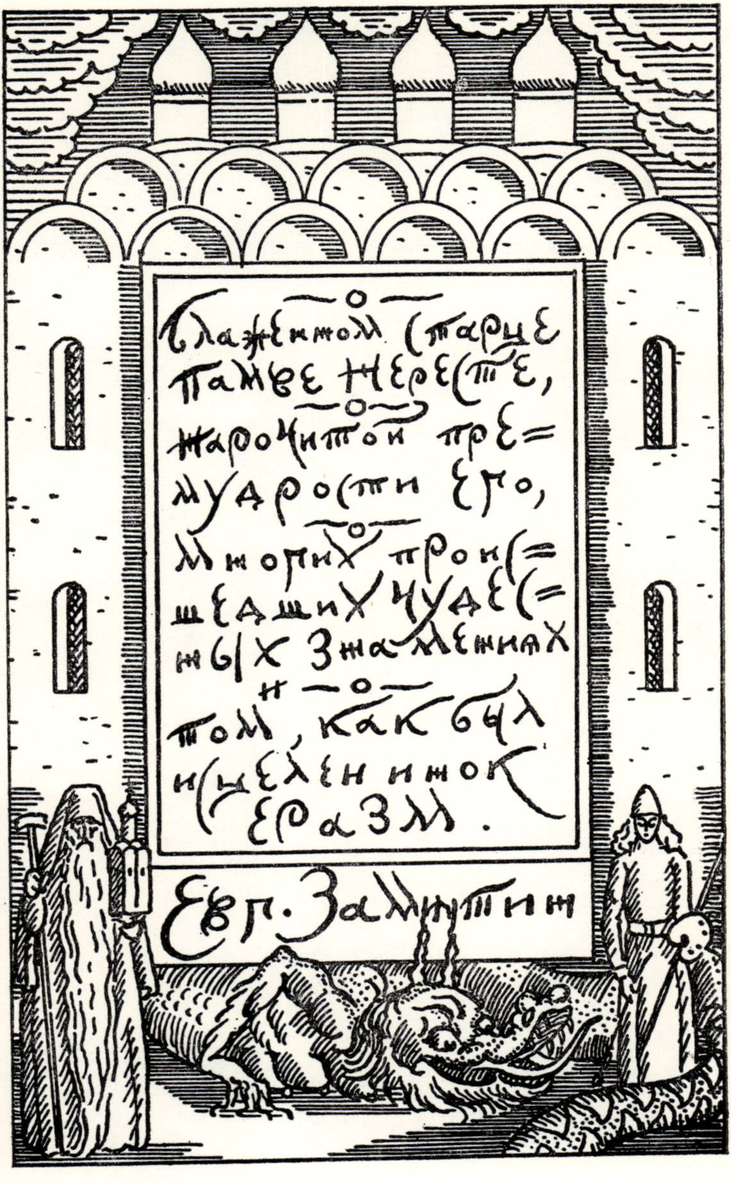
О
блаженном старце
Памве Нересте,
о
зарочитой пре=
мудрости его,
о
многих проис=
шедших чудес=
ных знамениях
и о
том, как был
исцелен инок
Еразм.
Евг. Замятин

казанный инокъ Еразмъ еще во чревѣ матери посвященъ былъ Богу. Родители его долгіе годы ревностно, но тщетно любили другъ друга и, наконецъ, истощивъ всѣ суетныя средства, пришли въ обитель къ блаженному Памвѣ. Вступивъ въ келью старца, жена преклонила предъ нимъ колѣни, но стыдъ женскій запечаталъ ей уста, и такъ молча предстояла старцу. Блаженному же Памвѣ и не надо было

словъ: отъ юности — тлѣнныя женскія одежды были ему какъ бы стеклянныя, и сквозь нихъ тотчасъ увидѣлъ онъ горькія безплодіемъ ложесна женщины. — Оставь скорбь, женщина, — сказалъ ей старецъ. — Сядь здѣсь и раздѣли со мной трапезу. Такъ сказавъ, взялъ печеную рыбу, вынулъ молоки и благословивъ подалъ ихъ женщинѣ. Та со слезами и вѣрой причастилась благословенной пищи и внезапно ощутила въ себѣ трепетаніе, какъ если бы приняла мужа въ лоно свое. Когда увидѣлъ старецъ Памва, что уже вновь раскрылись завѣженныя очи ея и пурпуръ вновь окрасилъ поблѣднѣвшія на малое мгновеніе ланиты, онъ улыбнулся ей, сказавъ: — Отнынѣ мужъ твой уже не

будетъ подобенъ пахарю, воздѣлывающему песокъ, и трудъ его принесетъ плоды. Но первенца твоего, когда онъ научится пѣть хвалу Зародившему его и Зарождающему тьмы, — первенца своего ты приведешь въ обитель и оставишь мнѣ. Послѣ того много разъ солнце вставало надъ обителью и сѣяло золотое сѣмя свое въ синій снѣгъ и въ черныя весеннія нѣдра, вздымалось стебліе травъ и, совершивъ заповѣданное, вновь клонилось долу. И лишь старецъ Памва былъ попрежнему прямъ, какъ крестное дерево кипарисъ, и все такъ же крѣпокъ былъ серебряный вѣнецъ его мудрыхъ сѣдинъ, и многихъ исцѣлялъ убогихъ мужей, и одержимыхъ бѣсами, и неплодныхъ женъ, въ чемъ

видѣли иные силу вкушаемой старцемъ благословенной пищи. И вотъ въ день Пятидесятницы, совершивъ положенныя службы, вышелъ старецъ Памва изъ храма. Раченіемъ братіи бѣлыя плиты предъ храмомъ были усыпаны весенними благоуханными травами, и вѣнками были увѣнчаны кресты на могилахъ почившихъ и нынѣ сорадовавшихся вмѣстѣ съ живыми, иноковъ. И украшенный вѣнкомъ зеленымъ предсталъ блаженному Памвѣ златоволосый отрокъ, ведомый за руку женщиной. — Въ сей день брачный земли — войди и живи съ нами, отрокъ Еразмъ, — сказалъ старецъ Памва и уже поднялъ руку благословить отрока, но въ тотъ же часъ два бѣса, принявшіе образъ голубиный, сѣвъ на крестѣ могильномъ и уронивъ на землю вѣнокъ, предались плотскому неистовству. — Онъ ее заклюетъ! Освободи ее, добрый старецъ! — вскричалъ отрокъ Еразмъ къ блаженному Памвѣ. Старецъ Памва поднялъ глаза на бѣсовъ — тѣ истаяли дымомъ на виду у всѣхъ, не окончивъ своей непристойной игры. Старецъ же возложилъ на Еразма руки, сказавъ: — Счастливъ удѣлъ твой, братъ

Еразмъ, и тяжелъ онъ, ибо уже раскидываютъ надъ тобой бѣсы свою сѣть, но они ищутъ лишь цѣнной добычи. И, чтобы блюсти Еразма отъ козней бѣсовскихъ, блаженный Памва поселилъ его въ своей кельѣ. Юный инокъ Еразмъ служилъ старцу, подавая ему воду

для омовенія, скудную пищу, кадильницы, свѣчи, и неразъ видѣлъ, какъ онъ цѣлилъ больныхъ и прозрѣвалъ души приходившихъ къ нему, какъ если бы одежда и самое тѣло ихъ были изъ стекла. — Какъ смотришь ты, отче, чтобы читать въ душахъ ихъ? — спросилъ старца Еразмъ. — Я смотрю въ глаза, — отвѣчалъ старецъ Памва. — Тѣло человѣка — все обитаетъ въ этомъ мірѣ и только глаза его — суть колодцы, проницающіе съ поверхности этого міра въ тотъ міръ, гдѣ ихъ души. Какъ разноглубоки колодцы въ землѣ, такъ разноглубоки они и въ человѣкѣ. И чѣмъ глубже, тѣмъ ближе къ обителямъ божественнымъ, но и къ вратамъ преисподней. — А у меня? — спросилъ

инокъ Еразмъ. Но ничего не отвѣтилъ мудрый старецъ, погрузившись въ молитву. Ибо не видѣлъ дна въ тѣхъ синихъ колодцахъ, прикрытыхъ сверху легкимъ, непрочнымъ намётомъ рѣсницъ. Такъ искушенный путникъ опасно ходитъ по невѣдомымъ дорогамъ, минуя влекущія нѣжной зеленью мѣста, чтобы не погрузиться въ коварную хлябь. Вскорѣ инокъ Еразмъ сталъ весьма искусенъ въ чтеніи и письмѣ. И когда блаженный Памва уставалъ отъ молитвъ, и отъ бесѣдъ съ приходившими искать мудрости его, и отъ бореній съ неустанно, какъ мухи, осаждавшими его бѣсами, — инокъ Еразмъ читалъ ему вслухъ нѣчто отъ Библіи, или отъ Житія святыхъ нашихъ отецъ, или отъ

Цвѣтниковъ и Изборниковъ отеческихъ. — Былъ голосъ у юнаго инока чистоты, подобной звенящему съ высотъ горнему крину, и какъ на пути быстрыхъ водъ горняго крина спаленный солнцемъ холмъ облекается зеленой одеждой, упещренной бѣлыми, и багряными, и синими, какъ твердь, цвѣтами — такъ поливались сладкимъ и буйнымъ сокомъ читаемыя Еразмомъ слова. И слыша ихъ странную и какъ бы уже не божественную прелесть, старецъ Памва прекращалъ чтеніе, говоря: — Я помолюсь, Еразмъ. Выйди и читай одинъ. И уже во внѣ келіи, на бѣлыхъ и горячихъ отъ солнечнаго дыханія камняхъ, вновь раскрывалъ Еразмъ залитые восковыми слезами листы древней книги и читалъ отъ нея. И упоенный виномъ словеснымъ не слышалъ, что творилось вокругъ, и не видѣлъ, и не вѣдалъ, что есть чтеніе его. Однажды въ такой часъ, истомившись зноемъ, поднялъ блаженный Памва ставень въ кельѣ и изумленно остановился, услышавъ за окнами тяжкіе вздохи и стенанія, какъ бы огромнаго звѣря. Вышедъ, увидѣлъ онъ Еразма на ступеняхъ келіи съ книгой, а

кругомъ — иноковъ, юныхъ и зрѣлыхъ, и старцевъ, и какъ бы отъ чрезмѣрнаго бѣга — лица у всѣхъ красныя, а дыханіе часто, и многіе стенали отъ неистовой нѣкой муки, и яростно, оберучь, охватывали бѣлое тѣло березъ, и упавъ ницъ, лобызали

круглые, подобные чреву, камни. — Что, безумный, сдѣлалъ ты съ ними? — спросилъ старецъ въ гнѣвѣ. — Я читаю имъ отъ священныхъ книгъ, — отвѣчалъ простодушно Еразмъ. Полагая, что нашептанный бѣсами, юный инокъ осквернилъ себя ложью, старецъ Памва подступилъ ближе и, опустивъ взоръ свой на листы древней книги, увидѣлъ, что неправо помыслилъ такъ объ Еразмѣ, ибо читалъ онъ Пѣснь Пѣсней мудрѣйшаго среди смертныхъ и пророка предъ Господомъ. Тогда уразумѣлъ блаженный старецъ, что инокъ Еразмъ — невиненъ, но вина братіи. И сказалъ имъ: — Съ какими помыслами вы, нечестивые, слушали слова о божественной любви къ чистѣйшей

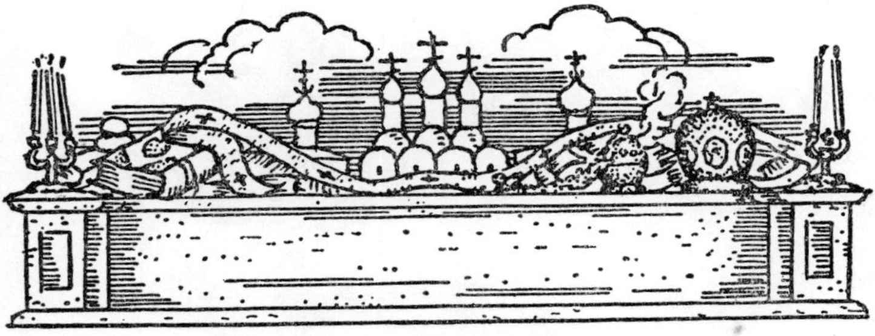

невѣстѣ нашей — церкви? Но братія молчала. — Поднимите, злодушные, ваши очи вверхъ и увидите. На краткое мгновеніе, по молитвѣ блаженнаго Памвы, отверзлись ихъ духовныя очи, и увидѣли всѣ: невысоко, на уровнѣ кровель обительскихъ, клубилась надъ ними тяжкая туча, пронизанная вся краснымъ, какъ кровь. И еще погодя мало, увидѣли, что это не кровь, но клубы тучныя свисали ввидѣ женскихъ персей, съ обращенными внизъ пурпурными остріями сосцовъ, и волновались клубы ввидѣ чашеподобныхъ лонъ и увитыхъ легкой тканью лядвей и чреселъ. Пораженные видѣніемъ, иноки безмолвствовали. А туча бѣсовской прелести, по

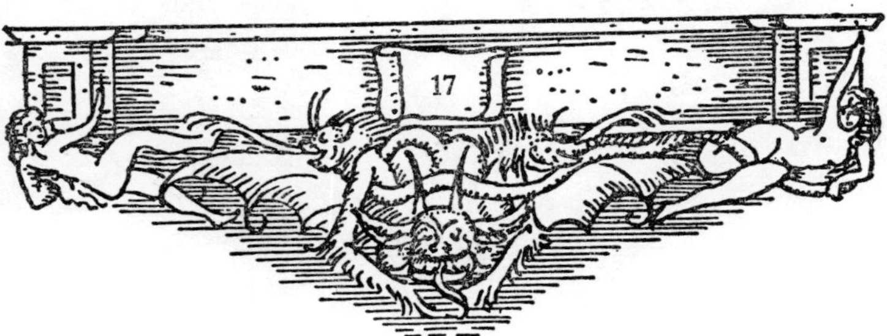

мановенію блаженнаго старца, содрогнулась и пролила густой и бѣлый, какъ молоко, дождь. — Видите ли, что сѣете вы помыслами своими? — спросилъ ихъ блаженный Памва. — Прости, отче, видимъ, — отвѣчали устыженные иноки. И съ того дня юный Еразмъ запрещенъ былъ Памвою въ чтеніи книгъ, но приставленъ къ иному дѣлу, гдѣ бѣсы не могли уже обратить во зло лѣпоту его нѣжнаго голоса: подъ неусыпнымъ надзоромъ старца инокъ Еразмъ сталъ обучаться писанію иконъ. Опасаясь козней бѣсовскихъ, старецъ Памва отъединилъ Еразма отъ прочей братіи, затворивъ его въ малой келіи, и уже никто не видѣлъ и не слышалъ Еразма — только старецъ. И были стѣны въ той келіи бѣлы, какъ одежды браконеискусной дѣвы, и было малое, одѣтое рѣшеткой окно. Послѣ полудня ложилась на стѣнѣ тѣнь отъ рѣшетки и поступью неспѣшной шла все выше, и въ часъ, когда рѣка раскрывала солнцу лоно свое, останавливалась тѣнь на сводахъ и гасла, а внизу, на дѣвственной одеждѣ стѣны, проступало багряное, какъ отъ крови, пятно. И снѣдаемый невѣдомымъ горѣніемъ, приближался инокъ Еразмъ къ стѣнѣ и осязалъ багряное пятно, какъ бы ожидая нѣжной кровью окрасить персты. Но на утро, какъ прежде, сіяла стѣна цвѣтомъ невинности и, входя въ келію, тайно радовался старецъ Памва, что даже самый

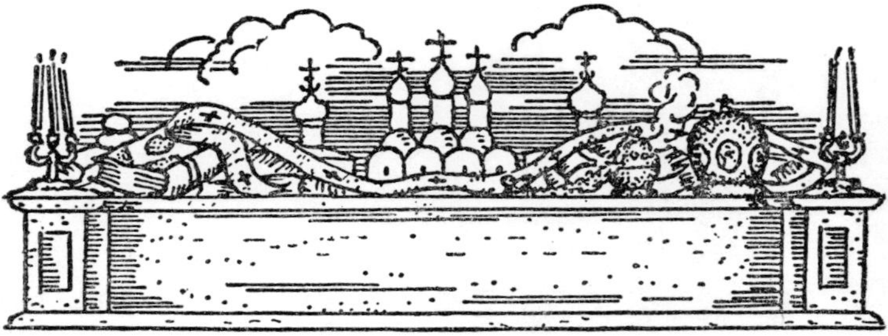

видъ стѣны долженъ убѣлять помыслы юнаго инока, и радовался, видя съ какимъ тщаніемъ и искусствомъ прилежитъ онъ къ великому и божественному дѣлу писанія иконъ. Въ то время случилось блаженному Памвѣ исцѣлить нѣкую знатную жену, именемъ Марія: власть надъ нею имѣлъ бѣсъ, толкавшій ее къ неудержному и несытому любодѣянію. И всего лишь трижды коснувшись перстомъ ея палимаго блуднымъ пламенемъ естества, насытилъ ее покоемъ блаженнымъ старецъ, и освободилъ отъ власти бѣсовской. Было же имя той жены въ честь преподобной Маріи Египетской, и сказала жена, исцѣлѣвъ, старцу: — Молю тебя, отче, если имѣешь кого,

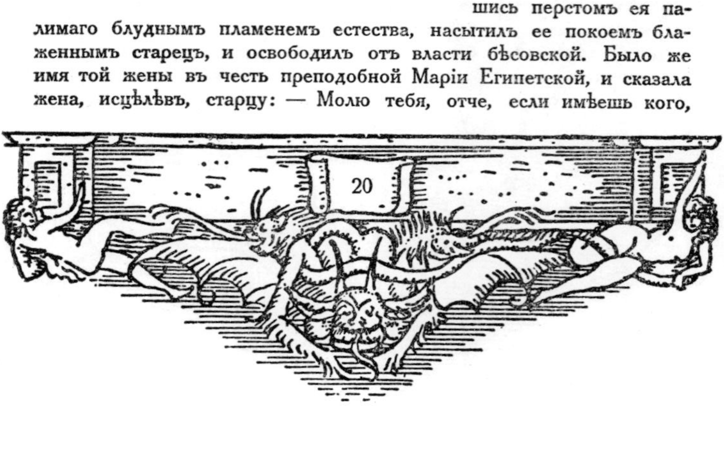

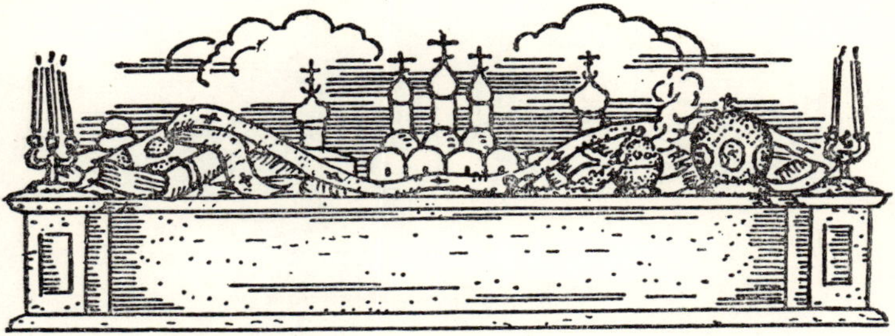

искуснаго въ писанiи иконъ, повели ему написать житiе преподобной Марiи и страстныя муки ея, и изящныя дѣянiя въ пустынѣ Египетской. По написанiи же, я, заключивъ себя въ келiи, со слезами буду взирать на образъ житiя преподобной и потщусь идти по стопамъ ея. Блаженный Памва въ тотъ же день призвалъ Еразма и спросилъ его, сказавъ: — Знаешь ли ты страстное житiе преподобной Марiи Египетской? Еразмъ отвѣчалъ: — Прости, отче, не знаю. И далъ ему старецъ разогнутую книгу Четiй-Миней и указалъ читать житiе преподобной. И читалъ Еразмъ весь день, оставивъ нетронутой пищу. И уже вечеръ, погасла на сводахъ келiи тѣнь отъ

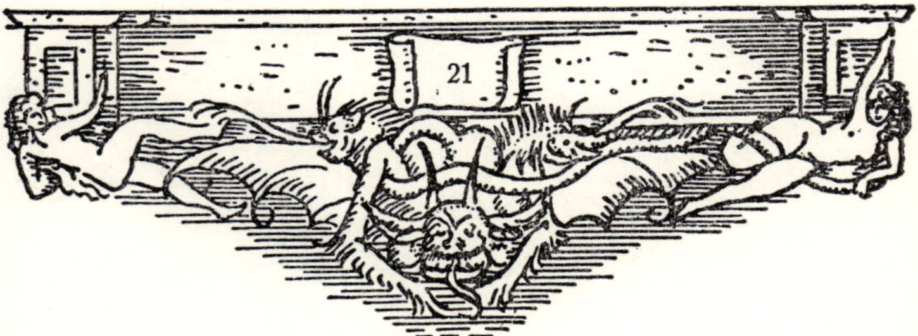

рѣшетки. Зажегъ лампаду Еразмъ, и вновь читалъ, какъ прекрасная тѣломъ дѣва сѣтью красоты влекла юношей и мужей александрійскихъ на ложе свое, и какъ на обуреваемомъ волнами коряблѣ опаляла всѣхъ несытымъ огнемъ страсти своей, и какъ, заточивъ себя въ пустынѣ, снѣдаемая жаждой смѣшенія, взывала о помощи къ Небесному Жениху. И этотъ послѣдній ея ликъ — въ пустынѣ, съ очами, задернутыми легкой мглой, какая повисаетъ надъ палимой неистовымъ зноемъ далью, съ устами, разверзтыми, какъ изсохшая безъ дождей земля, — этотъ ликъ преподобной написалъ Еразмъ въ серединѣ образа. У ногъ же ея — желтый песокъ, и травы, и

цвѣты сожженные зноемъ, истекающимъ отъ солнца, или отъ тѣла преподобной, скрытаго подъ тонкой бѣлой одеждой. И не слышалъ Еразмъ, какъ въ клѣть къ нему вошелъ старецъ Памва и сталъ за плечами его, какъ бы ангелъ — хранитель. Долго смотрѣлъ блаженный старецъ на образъ преподобной и сказалъ Еразму: — Похвально раченіе твое, и вижу на тебѣ печать дара Божія. „Точно ли Божія?“ — промыслилъ про себя старецъ. Но есть еще несовершенство въ писаніи твоемъ: прекрасенъ ликъ у преподобной жены, но подъ хитономъ ея вижу я тѣло не жены, а мужа. Ибо еще юнъ ты и еще долженъ увѣдать тайны созданной Господомъ изъ ребра

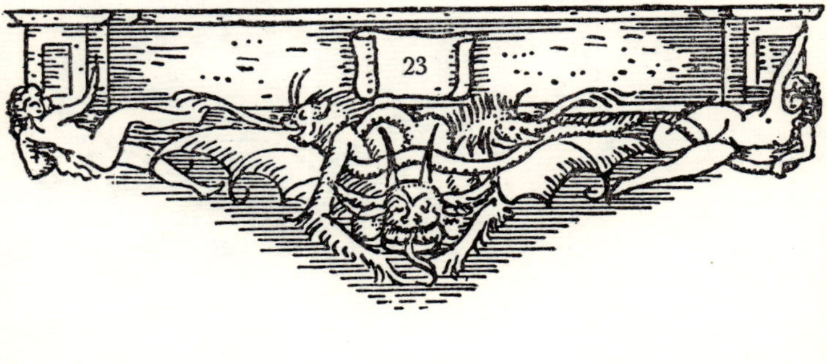

Адамова. Такъ сказавъ, вышелъ старецъ: уже проступала вечерняя кровь на непорочно-бѣлой одеждѣ стѣны, и чугунное било звало братію въ храмъ. Еразмъ же разрѣшенъ былъ старцемъ отъ церковной молитвы и остался въ келіи одинъ. Опечаленный палъ Еразмъ передъ образомъ и жарко молился, вопія: Умилосердись, преподобная, научи меня познать честное тѣло твое, дабы могъ я достойно прославить тебя. Но здѣсь услышалъ онъ сзади тихій, едва слышимый смѣхъ. Обратившись изумленно, искалъ онъ, кто могъ взойти въ келію — и увидѣлъ лишь на рѣшеткѣ окна двухъ играющихъ голубей. Въ тотъ же часъ вспомнилъ Еразмъ голубей на могильномъ крестѣ въ день пришествія своего въ обитель, осѣнилъ себя крестомъ — и голуби истаяли въ розовомъ небѣ. Но вновь услышалъ тотъ же смѣхъ, уже болѣе близкій и явственный. И тогда, возлѣ освѣщенной вечернимъ солнцемъ стѣны, какъ бы вышедшую изъ стѣны, узрѣлъ инокъ Еразмъ невѣдомую дѣву. — Кто ты? — спросилъ инокъ Еразмъ, удерживая руками сердце, содрагающееся отъ страха и иного, невѣдомаго трепета. — Имя мнѣ — Марія, — отвѣчала дѣва. — Я жила въ Египтѣ. И вотъ по молитвѣ твоей я послана къ тебѣ. Пораженный чудеснымъ знаменіемъ, Еразмъ упустилъ даже вновь осѣнить себя крестомъ, но тотчасъ, припавъ, сталъ лобызать одежду

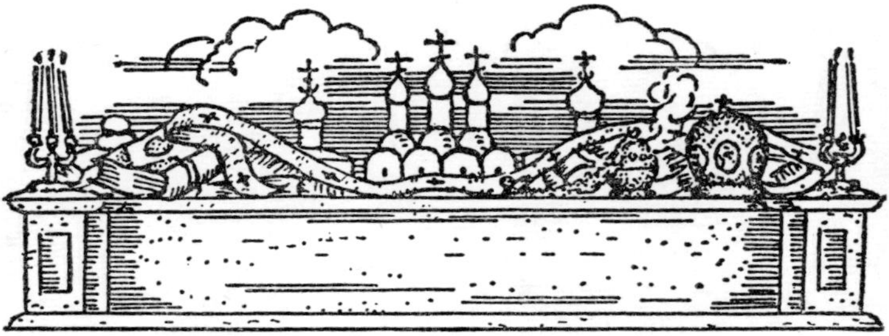

явившейся дѣвы, отъ ногъ ея и выше. И ощутилъ запахъ — невѣдомый, но какъ бы всегда жившій въ его сердцѣ до того часа. И все взыграло въ Еразмѣ и устремилось неудержимо къ преподобной дѣвѣ, какъ неудержимо возстаетъ къ солнцу напряженное весеннимъ сокомъ стебліе травъ. Устыженный отошелъ Еразмъ и, опустивъ глаза, тщился оправить одежду свою такъ, чтобы не узрѣла святая дѣва волненія его. Но дѣва назвала его по имени — голосъ ея пронозилъ сердце Еразма, какъ нѣкій сладостный мечъ — и такъ сказала Еразму: — Почто, неразумный юношъ, смущается сердце твое. Приблизься. Ужели забылъ ты наставленія учителя твоего

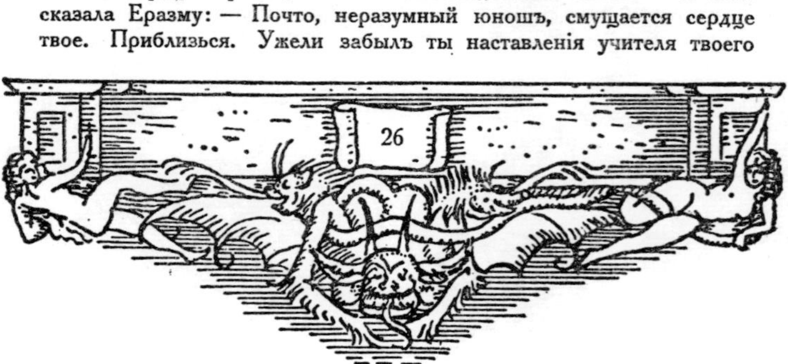

Памвы и забылъ, зачѣмъ я на краткій срокъ послана тебѣ. Тогда Еразмъ, преступивъ смущеніе свое, приблизился къ дѣвѣ, съ трепетомъ развязалъ поясъ ея и отстегнулъ запонъ вверху. До половины спалъ съ нея бѣлый хитонъ, и предстала передъ Еразмомъ невѣдомая ему дотолѣ тайна персей. Были онѣ какъ двѣ волны, чудеснымъ велѣніемъ Божіемъ высоко возставшихъ на спокойномъ морѣ, а осѣдающее за край земной солнце на острыхъ вершинахъ тѣхъ волнъ зажгло алыя пламена. И радуясь увѣданной премудрости Творца, Еразмъ, слѣдуя наставленію старца Памвы, сталъ со тщаніемъ изучать открывшееся. Подобно апостолу невѣрному Ѳомѣ, не вѣрилъ

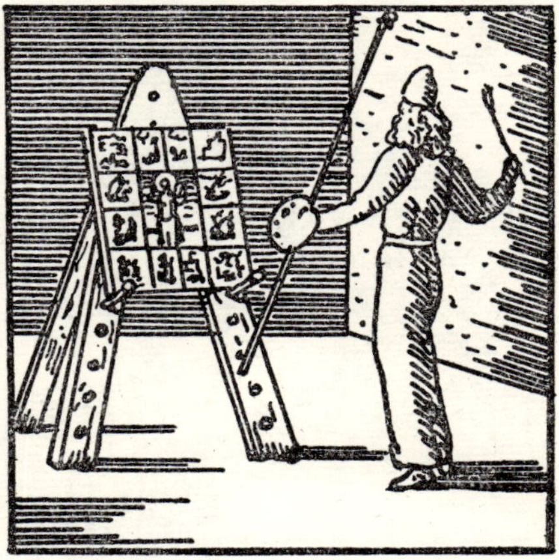

онъ зрѣнію только, но погружалъ свои персты въ нѣжныя и прохладныя волны, и всякій разъ все глубже ощущалъ въ сердцѣ своемъ сладостный мечъ, и какъ бы въ нѣкой блаженной смерти огненными каплями истекаетъ изъ него жизнь. — Но еще не все ты позналъ, — сказала, улыбаясь дѣва. — Спѣши же, ибо лишь на краткій срокъ я послана къ тебѣ. И весь трепеща въ предчувствіи тайны еще прекраснѣйшей и нѣжнѣйшей, юный инокъ отстегнулъ нижній запонъ. Но въ тотъ часъ, когда готова была уже послѣдняя тайна предстать передъ нимъ, услышалъ онъ легкій, какъ бы отъ лопнувшаго сосуда звонъ, и дѣва безслѣдно исчезла. А въ

дверяхъ келіи увидѣлъ Еразмъ блаженнаго Памву. Былъ онъ гнѣвенъ, и сѣдыя брови его были распростерты, какъ воскрыліе, и весь онъ былъ, какъ грозная, летящая на защиту птенцовъ своихъ, птица. И громкимъ голосомъ спросилъ Памва, сказавъ: — Что дѣлалъ ты, злоумный? И кто былъ съ тобою? И не таясь, все разсказалъ Еразмъ мудрому старцу: какъ со слезами молился онъ, чтобы преподобная дала познать ему тѣло жены, да прославитъ онъ достойно ея честное тѣло, и какъ по молитвѣ явилась ему она, и какъ узналъ онъ все, кромѣ лишь нѣкой, послѣдней, тайны. Не мало смущенъ былъ блаженный

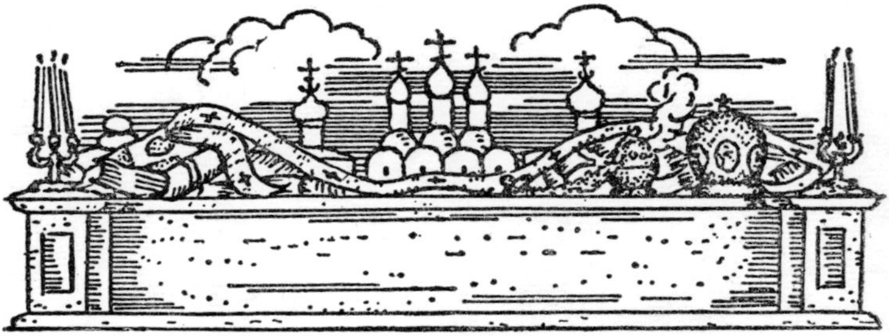

Памва тѣмъ, что повѣдалъ Еразмъ, ибо не имѣлъ старецъ твердой вѣры, что отъ Бога было видѣніе Еразму, а не отъ бѣса. И мудро сказалъ Еразму: — Возблагодари пославшаго тебѣ помощь въ трудѣ твоемъ для прославленія преподобной. Но помни: ту, послѣднюю, тайну — нелѣть иноку знать, и тебѣ, въ художествѣ твоемъ, тайна та не нужна. Иди же и спи съ миромъ. Но не миренъ былъ сонъ Еразма: было его ложе изъ углей, и до утра ощущалъ онъ неумиримое, непреклонное устремленіе къ той, послѣдней, тайнѣ, и до утра погружалъ онъ персты въ жемчужныя, чудомъ возставшія на спокойномъ морѣ, волны. А на утро, сотворивъ обычное иноческое метаніе

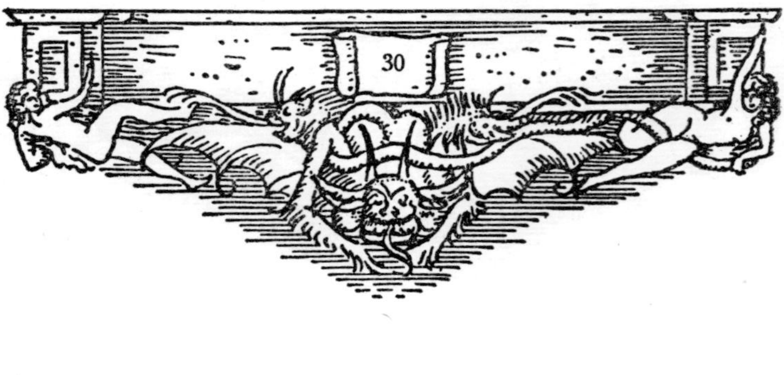

передъ старцемъ, омылъ онъ кисти, и трепетно вспоминая открывшееся вчера, приступилъ къ исправленію того, что было указано наставникомъ его въ художествѣ — блаженнымъ Памвой. Вскорѣ оконченъ былъ образъ. Со вниманіемъ осмотрѣлъ его блаженный Памва и увидѣлъ, что теперь преподобная не только ликомъ, но и тѣломъ была женою изъ женъ, и даже помни́лось старцу, что сквозь облачно-бѣлыя

ея одежды тлѣютъ остріями легчайшаго пламени перси. Но о томъ не сказалъ Еразму, помысливъ про себя, что лишь видитъ онъ, какъ обычно, сквозь одежды женскія, какъ если бы были онѣ изъ стекла. И взмахнувъ воскрыліемъ бровей, благословилъ Еразма,

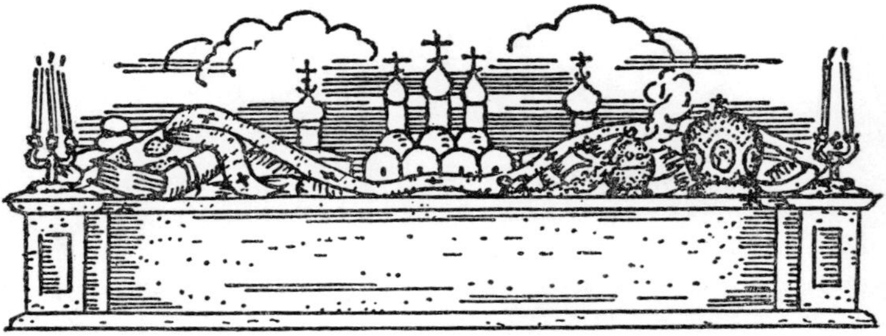

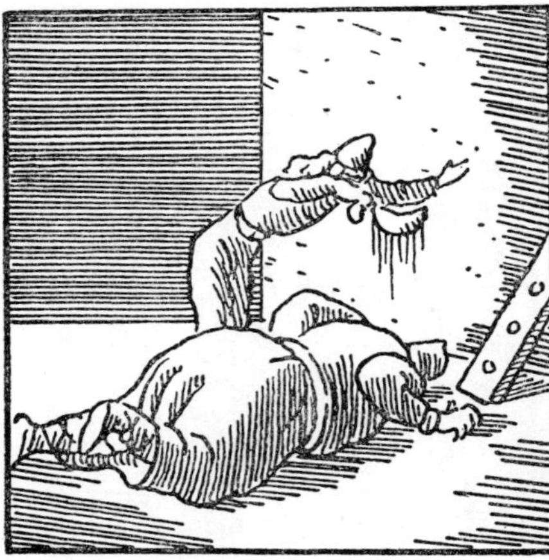

сказавъ: — Вижу, горенiемъ къ преподобной полонъ духъ твой. Не гаси же горенiя того, пока не кончишь писанiя образа. Но если бы даже и хотѣлъ, уже не могъ Еразмъ погасить въ себѣ горенiя того. Старецъ же Памва, по сихъ словахъ, оставилъ обитель, призванный къ одру недугующаго князя страны той. Выходя изъ вратъ, еще разъ оглянулся блаженный старецъ на золотыя, среди зелени, главы храма — и увидѣлъ: повисши на вѣтвяхъ древнихъ схимницъ-липъ гроздьями качаются бѣсы, какъ отроившiяся пчелы. И содрогнулся старецъ отъ темныхъ предчувствiй новыхъ и небывалыхъ бѣсовскихъ козней, но выйти изъ воли князя не могъ. Въ отсутствiи Памвы

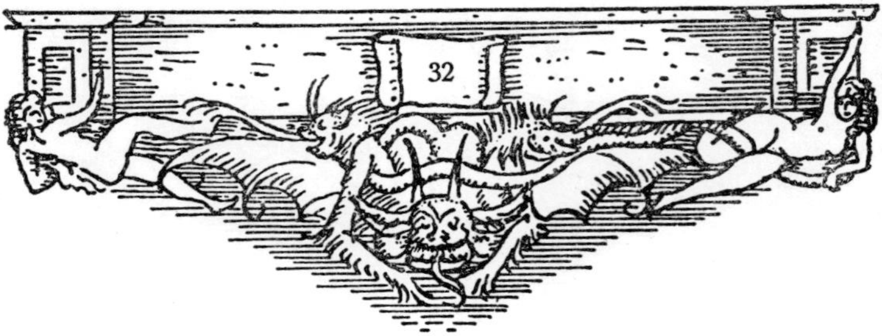

пищу Еразму приносилъ большой хлѣбенный старецъ именемъ Сампсонъ. Былъ онъ, какъ древній Сампсонъ, великъ и мощенъ тѣломъ во всемъ до послѣдняго, и не было у него растенія волосъ ни на головѣ, ни на лицѣ, и нигдѣ на тѣлѣ, отчего былъ онъ какъ бы дважды нагъ, и по велѣнію Памвы даже въ лѣтнюю пору носилъ онъ на себѣ не менѣе трехъ одеждъ. А отъ вида женскаго, хотя бы и не въ

естествѣ, но лишь въ изображеніи, бывалъ онъ буенъ безъ мѣры. И опасаясь того безмѣрнаго буйства, Еразмъ принималъ отъ хлѣбеннаго старца пищу сквозь дверное отверстіе. Съ утра весь день пламень источался отъ солнца; отъ суши великой

вдали, за озеромъ, горѣли травы и лѣса. И какъ бы вмѣстѣ съ травами изгоралъ, не сгорая, Еразмъ, и на гладкомъ кипарисовомъ древѣ возникали образы страстного житія преподобной. Двери въ храмину, и у дверей тѣхъ — длинная череда юношей и мужей александрійскихъ, съ почернѣвшими отъ жажды лобзаній устами, — какъ бы череда воиновъ уже подъявшихъ тяжкое, закаленное огнемъ оружіе свое и ждущихъ ринуться на врага, чтобы на смерть пронозить его тѣмъ оружіемъ. И ниже, въ золотомъ обрамленіи — самая храмина, бѣдная и бѣлая — ибо въ бѣдности жила преподобная и не взимала мзды за красоты тѣла своего. Въ храминѣ

— убогое и роскошное ложе изъ травъ, а на зеленомъ ясписѣ травъ — золотой плодъ: нагота преподобной, и жалятъ взоръ четыре расцвѣтшихъ алыми чашами цвѣтка. Но тайну устъ и персей, по сказанному, уже зналъ Еразмъ; четвертой же, послѣдней, тайны не вѣдалъ еще юный инокъ, и не изъ двухъ, но изъ трехъ алыхъ лепестковъ сложилъ онъ эту послѣднюю тайну, отчего

для взиравшаго была она еще губительнѣй и необоримѣй. И въ новомъ обрамленiи изъ краснаго золота цвѣли тѣ цвѣты на обуянномъ бурями кораблѣ, и корабельщики, забывъ о волнахъ морскихъ, вздымались и падали на иныхъ, огненныхъ волнахъ. И далѣе въ

опаленной, соломенно-желтой пустынѣ, преподобный Зосима встрѣчалъ Марію, и въ страхѣ совлекши съ себя одежду бросалъ ей, дабы не погибнуть, увидѣвъ прелесть наготы ея, но вѣтромъ пустыннымъ уносило одежду, и стоялъ Зосима, прискорбно опустивъ глаза долу на разженіе свое. И такъ, до самаго блаженнаго преставленія преподобной Маріи, написалъ Еразмъ все ея страстное житіе. Былъ напитанный солнечной кровью закатный часъ, когда кончилъ онъ все. Въ тотъ часъ, какъ обычно, хлѣбенный старецъ Сампсонъ принесъ Еразму вечернюю трапезу. И восторгнутый отъ всѣхъ мыслей и опасеній ежедневныхъ, вскричалъ Еразмъ къ старцу, сказавъ: — Великъ часъ скончанія пути. Войди, братъ Сампсонъ, и скажи мнѣ, какъ видишь. — Опасно мнѣ, братъ, — отвѣчалъ Сампсонъ сквозь дверное отверстіе. Войди, говорю тебѣ. — Съ нетерпѣніемъ и гнѣвомъ сказалъ Еразмъ. И чтобы не вводить въ гнѣвъ брата своего, вошелъ Сампсонъ. И увидѣвъ, покачнулся на ногахъ, какъ если бы обременены были ноги его нѣкой внезапной тя-

жестью, и взревѣвъ яростно, палъ ницъ и сверлилъ холодный земляной полъ келіи. Въ страхѣ взялъ Еразмъ сосудъ съ принесенной ему старцемъ водой и вылилъ ту воду на неистоваго Сампсона. Тогда всталъ Сампсонъ, разодралъ на себѣ одежду и, дважды нагой,

воскликнулъ: — Горе мнѣ, окаянному! Вотще сила моя исходитъ! И пробивъ келійную дверь, вышелъ вонъ. И настала ночь, страшная происшествіями и знаменіями. Среди дымной тьмы, освѣщая себѣ путь восковыми свѣчами, бѣгали иноки, напинаясь на могильные кресты. Въ дальнемъ углу, за хлѣбнымъ подваломъ, открывалось и вновь закрывалось огненное окно: тамъ ковали хлѣбнаго старца Сампсона въ цѣпи, дабы не повредилъ онъ деревьевъ, и утвари, и строеній обительскихъ, ибо могъ онъ силою своею прободать все. А нѣсколько выше кровель, тамъ, гдѣ нѣкогда повисла показанная Памвою туча, всю ночь слышался легкій, какъ бы отъ

щекотанія, смѣхъ, и скрипъ нѣкій, и капала внизъ ужасная, подобная бѣлой росѣ, смола. Встало солнце, багровое сквозь дымъ, и увидѣли: въ ночь нѣкимъ чудеснымъ изволеніемъ расцвѣли всѣ деревья и травы, широко отверзая алыя, и розовыя, какъ тѣло, и бѣлыя, какъ жемчугъ, чаши, и источая прелестныя благоуханія. И повсюду — на деревьяхъ, и въ чашахъ цвѣтовъ, и на крестахъ могильныхъ, и на рѣшеткахъ оконъ, и въ сосудахъ для питья, и на плечахъ иноковъ — повсюду видны были акриды, съ крыльями, какъ бы изъ небесной радуги, и трепетали крыльями, соединившись попарно. Не слыша обычнаго заутренняго била, но вмѣсто того — смятеніе и

вопль, вышелъ Еразмъ къ братіи и сказалъ: — Что мятетесь, братія? Не бойтесь, но возьмите изъ келіи моей образъ чудесно явившейся мнѣ преподобной, и она, вѣрую, исцѣлитъ васъ. И сказавъ такъ, вновь затворился Еразмъ въ своей келіи, помня послушаніе, положенное на него старцемъ Памвою. Братія же, по слову Еразма, взяла написанный имъ образъ Маріи Египетской въ житіи, и, водрузивъ образъ предъ вратами обители, построила надъ нимъ сѣнь изъ цвѣтовъ. Но лишь начали молебное пѣніе и съ надеждой вознесли взоры на образъ, какъ явственно увидѣли пламенѣющіе на распростомъ золотомъ тѣлѣ четыре алыхъ цвѣтка — и послѣдній, четвертый, волею и невѣдѣніемъ Еразма сложенный не изъ двухъ, но изъ трехъ лепестковъ. И внезапно обуялъ всѣхъ огнь страстный, и были всѣ, юные иноки и равно древніе старцы, какъ тѣ мужи александрійскіе у дверей храмины, готовые пронзить подъятымъ оружіемъ своимъ излюбленнаго врага. Въ тотъ же часъ оставленный безъ стражи Сампсонъ порвалъ крѣпкія цѣпи и, прободавъ все на пути, явился предъ братіей,

дерзновенно, на гласъ четвертый, исповѣдуя жажду смѣшенія. Вратарь же, услышавъ какъ бы молитвенное пѣснопѣніе, открылъ врата многимъ, чаявшимъ войти въ обитель, женамъ, и дѣвамъ, и мужамъ мірскимъ. И всѣ вошли, и на травахъ, на чистѣйшихъ

доселѣ плитахъ во дворѣ обители, на ступеняхъ келіи, подъ сѣнью расцвѣтшихъ за ночь кустовъ — всюду началось неслыханное. И какъ ночью, вновь слышенъ былъ на высотѣ кровель смѣхъ, какъ бы отъ щекотанія, и скрипъ, и орошались травы ужасной росой. Но лишь одинъ, возвратившійся отъ князя той страны, старецъ Памва видѣлъ надъ обителью тучи веселящихся и плещущихъ крыльями бѣсовъ. И болѣе того: никто изъ одолѣнныхъ бѣсами иноковъ не видѣлъ гнѣвнаго лица старца, ни взмахнувшаго, какъ бичь, воскрылія бровей его, и никто не слышалъ его громкихъ, устыжающихъ словъ. Тогда уразумѣлъ старецъ, что на малый часъ побѣдили бѣсы и

что пока не истребитъ онъ бѣсовскаго огня, въ творящемъ, того не вѣдая, соблазны юномъ Еразмѣ — до того часа въ обители будутъ властвовать бѣсы. И вошелъ старецъ въ свою келію, и изъ своей келіи — въ келію Еразма. И увидѣлъ Еразма — единаго въ обители безъ жены возлежавшаго на ложѣ своемъ. Но ланиты его были палимы невидимымъ огнемъ и изсохшими устами пилъ онъ отъ

невѣдомой ему четвертой тайны. Затворивъ двери и окна, дабы не смущать сердце свое шопотомъ и шорохами неистовства, долго молился блаженный Памва. По молитвѣ же сошло на него разумѣніе, и услышалъ онъ голосъ, какъ бы внутри себя, говорившій: „Спусти

стрѣлу, и ослабнетъ тетива, и уже не будетъ болѣе смертоносенъ лукъ“. И сказалъ себѣ: „Истинно такъ“. И вновь молился, и предстала предъ нимъ являвшаяся Еразму дѣва, именовавшая себя Маріей. — Взялъ старецъ за руку ту дѣву и ввелъ ее въ келію Еразма, и сказалъ ему такъ: — Встань, Еразмъ. По милости своей, вновь является тебѣ преподобная дѣва. Возьми же ее и увѣдай четвертую, послѣднюю, тайну. Ибо вижу я нынѣ: изображающему твореніе — надлежитъ вѣдать всѣ тайны Творца. И увидѣлъ, какъ совлекъ Еразмъ съ нѣжнаго тѣла одежду, и вновь коснувшись трехъ первыхъ тайнъ, со стенаніемъ погрузился въ послѣднюю. И погрузилось

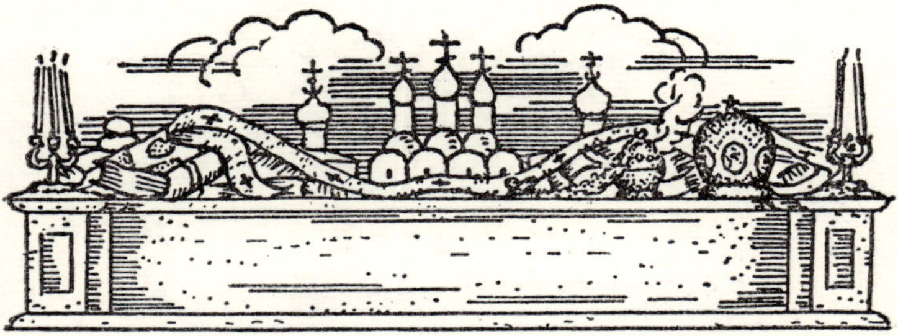

солнце въ воды озера за обителью, и на невинно — бѣлой одеждѣ стѣны проступило красное, какъ кровь, пятно. И въ то-же мгновеніе опали цвѣты съ деревьевъ и травъ, истлѣли радужныя крылья акридъ, истаяли бѣсы, какъ воскъ, и устыженная, во тьмѣ разошлась братія по келіямъ. Блаженный же Памва вышелъ во дворъ обительскій и, благословивъ, отпустилъ изнеможенныхъ женъ и дѣвъ, сказавъ имъ: — Идите съ миромъ, ибо ничто въ мірѣ не творится безъ изволенія Творца, даже и грѣхъ, и все ко благу. Съ того дня отпали отъ Еразма невидимые бѣсовскія цвѣты и исцѣлѣлъ онъ отъ бывшаго въ немъ одержанія. Безбоязненно отпустилъ его

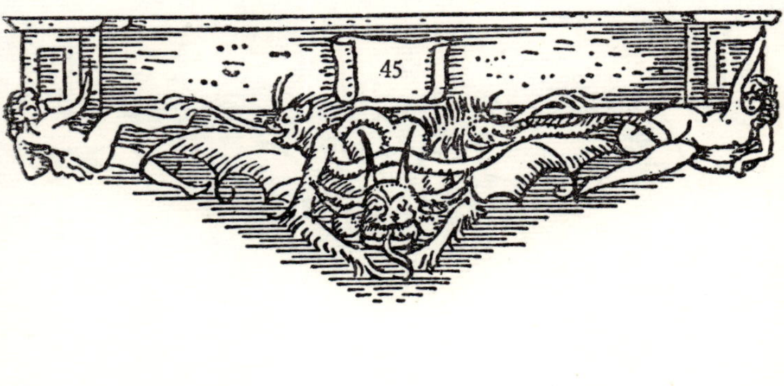

старецъ Памва жить съ братіей, и когда читалъ Еразмъ во храмѣ — не было уже соблазна отъ чтенія его, и когда писалъ онъ лики святыхъ — то писалъ, какъ всѣ, во славу Божію, а не діавольскую. И подвигами иноковъ прославилась обитель во всей странѣ той. Память же о темныхъ соблазнахъ бѣсовскихъ, о страшныхъ знаменіяхъ и необычайныхъ происшествіяхъ молитвою блаженнаго Памвы была истреблена, какъ весенній снѣгъ солнцемъ. И лишь я, недостойный схимникъ Иннокентій, съ благословенія мудраго старца записалъ все къ назиданію и руководству игуменовъ нашей обители. Простымъ же инокамъ не дозволено чтеніе сей записи.

Vom gottseligen Vater Pamwa Nerest, von seiner übergroßen Weisheit, von vielen wundersamen Zeichen und davon, wie der Mönch Erasmus geheilet ward

Der nämliche Mönch Erasmus war schon im Mutterschoße S. 7
dem Herrn geweiht. Lange Jahre hatten seine Eltern ein-
ander geflissentlich, aber fruchtlos geliebt, und schließlich, da
alle eitlen Mittel erschöpft waren, kamen sie ins Kloster zu
dem gottseligen Pamwa. Als die Frau in die Klause des al-
ten Mönchs getreten war, beugte sie die Knie, aber ihre Lip-
pen versiegelte Weibesscham, und so stand sie schweigend
vor ihm. Doch es bedurfte auch keiner Worte vor dem gott-
seligen Pamwa: Von Jugend an waren ihm die vergänglichen S. 8
Frauengewänder wie aus Glas, und durch sie hindurch er-
blickte er sogleich den von Unfruchtbarkeit bitteren Mutter-
leib. »Laß deinen Kummer fahren, Weib«, sagte der Greis zu
ihr. »Setz dich nieder und teile mit mir die Speise.« Nach-
dem er so gesprochen hatte, ergriff er einen gebackenen Fisch,
nahm die Milch heraus, segnete sie und reichte sie der Frau.
Unter Tränen und voller Glauben empfing jene das geseg-
nete Mahl, und jäh verspürte sie im Innersten ein Beben, als
habe sie den Gatten in ihrem Schoß empfangen. Als Vater
Pamwa sah, daß sich ihre halb gesenkten Lider aufs neue
hoben und wieder Purpur die für einen Augenblick erblaß-
ten Wangen färbte, lächelte er ihr zu und sprach: »Von nun
an wird dein Mann nicht länger dem Pflüger gleich sein, der S. 9
Sand furcht, und seine Mühsal wird Früchte tragen. Deinen
Erstgeborenen aber, sobald er gelernt haben wird, das Lob
Jenes zu singen, der ihn geschaffen hat und der die vielen
erschafft – deinen Erstling bringst du ins Kloster und über-
läßt du mir.« Viele Male ging danach die Sonne über dem
Kloster auf und säte ihren goldenen Samen in den blauen
Schnee und die schwarze Frühlingserde, viele Male sprossen
Grasstengel empor und sanken nieder, als ihre Bestimmung
vollendet war. Und nur Vater Pamwa stand unverrückt auf-
recht wie der Baum des Kreuzes, die Zypresse, und dicht
wie zuvor war der Silberkranz seines weisen Grauhaars, und
viele Sieche heilte er und von Teufeln Besessene und un-
fruchtbare Weiber, und darin sahen etliche die Macht der S. 10

gesegneten Speise, die der Alte genoß. Und siehe, am Tag
des Pfingstfestes trat Vater Pamwa, nachdem er die vorge-
schriebenen Gebete verrichtet hatte, aus der Kirche. Durch
den Eifer der Brüder waren die weißen Steinplatten vor dem
Gotteshaus mit duftenden Frühlingsgräsern übersät, und mit
Kränzen bekrönt waren die Kreuze auf den Gräbern der
verstorbenen und jetzt die Freude der Lebenden teilenden
Mönche. Und geschmückt mit einem grünen Kranz trat ein
goldhaariger Knabe, den eine Frau an der Hand führte, vor
den gottseligen Pamwa. »An diesem Hochzeitstag der Erde –
tritt ein und lebe bei uns, Jüngling Erasmus«, sprach Vater
Pamwa und hob schon die Hand, um den Knaben zu segnen,
doch im selben Augenblick gaben sich zwei Teufel in Tau-
S. 11 bengestalt, die sich auf einem Grabkreuz niedergelassen und
den Kranz zu Boden geworfen hatten, ihrer Fleischeswut hin.
»Er wird sie zu Tode hacken! Errette sie, gütiger Vater!«
flehte der Jüngling Erasmus zu dem gottseligen Pamwa. Va-
ter Pamwa erhob seine Augen zu den Teufeln, und vor allem
Volk lösten sich jene in Rauch auf, ohne ihr unzüchtiges Spiel
zu Ende gebracht zu haben. Der Greis aber legte die Hände
auf Erasmus und sprach: »Glücklich ist dein Los, Bruder
Erasmus, und schwer, denn schon werfen die Teufel ihr Netz
nach dir aus, doch sie suchen nur lohnende Beute.« Und um
Erasmus vor den teuflischen Umtrieben zu behüten, nahm
ihn der gottselige Pamwa in seine Klause auf. Der junge
Mönch Erasmus diente dem Alten, indem er ihm das Wasser
S. 12 für die Waschungen, die kärgliche Speise, die Weihrauchge-
fäße und Kerzen reichte, und mehr als einmal gewahrte er,
wie dieser Kranke heilte und in die Seelen der ihn Aufsu-
chenden hineinsah, als wären deren Kleider und selbst die
Leiber aus Glas. »Wie schaust du, Vater, daß du in ihren
Seelen liest?« fragte Erasmus den Greis. »Ich blicke in die
Augen«, antwortete Vater Pamwa. »Der Körper des Men-
schen wohnt beständig auf dieser Welt, nur seine Augen sind
wie Brunnen, die von der Oberfläche dieser in jene Welt

führen, wo ihre Seelen weilen. Wie im Erdboden die Brun-
nen unterschiedlich tief sind, so sind sie es auch im Menschen.
Und je tiefer sie hinabreichen, desto näher sind sie den gött-
lichen Gefilden, aber auch den Toren der Hölle.« – »Und
meine?« fragte der Mönch Erasmus. Doch der weise Alte S. 13
antwortete nicht, er hatte sich ins Gebet versenkt. Denn er
sah keinen Grund in jenen blauen Brunnen, die das leichte,
brüchige Dach der Wimpern deckte. So geht der erfahrene
Wanderer auf unbekannten Wegen mit Vorsicht und meidet
die mit zartem Grün lockenden Stellen, um nicht im tücki-
schen Morast zu versinken. Bald erlangte der Mönch Eras-
mus große Kunst im Lesen und Schreiben. Und wenn der
gottselige Pamwa müde war vom Gebet und von den Ge-
sprächen mit jenen, die seiner Weisheit wegen zu ihm kamen,
und vom Ringen mit den ihn wie Fliegen ohne Unterlaß be-
drängenden Teufeln, so las ihm der Mönch Erasmus aus der
Bibel oder dem Leben unserer heiligen Väter vor, oder aus
den Blütenlesen und Väterbüchern. Die Stimme des jungen S. 14
Mönchs glich in ihrer Reinheit einem von den Höhen herab-
rieselnden Gebirgsquell, und wie sich der sonnenversengte
Hügel am Wegrand der schnellen Quellwasser in ein grünes
Gewand kleidet, das geschmückt ist mit weißen und purpur-
nen und wie das Himmelszelt blauen Blumen, so strömten
die von Erasmus gelesenen Worte als ein süßer und kraft-
voller Saft dahin. Und da er ihre seltsame und fast schon
ungöttliche Anmut vernahm, unterbrach Vater Pamwa die
Lesung und sprach: »Ich will beten, Erasmus. Geh hinaus
und lies allein.« Und vor der Klause, auf den weißen und
vom Atem der Sonne heißen Steinen, schlug Erasmus aufs
neue die von Wachstropfen überzogenen Seiten des alten Bu-
ches auf und las daraus. Und berauscht vom Wein der Worte S. 15
hörte er nicht, was um ihn geschah, und er sah nicht und
wußte nicht, was sein Lesen war. Einmal zu solcher Stunde
hob der gottselige Pamwa, erschöpft von der Hitze, den Fen-
sterladen seiner Zelle und hielt verwundert inne, da er drau-

ßen schweres Seufzen und Keuchen vernahm wie von einem
riesigen wilden Tier. Als er hinaustrat, erblickte er Erasmus
mit einem Buch auf den Stufen der Klause, um ihn herum
aber junge und ältere Mönche, auch würdige Väter, und wie
vom hitzigen Lauf waren aller Gesichter gerötet, ihr Atem
ging rasch, und viele stöhnten wie in unbändiger Qual, wü-
tend umfingen sie mit beiden Armen die weißen Stämme der
S. 16 Birken, stürzten zu Boden und küßten die runden, bäuche-
gleichen Steine. »Wahnsinniger, was hast du mit ihnen ge-
macht?« fragte der Alte im Zorn. »Ich lese ihnen aus den
heiligen Büchern vor«, antwortete Erasmus treuherzig. In
der Annahme, der junge Mönch habe sich auf Einflüsterung
der Teufel mit einer Lüge befleckt, trat Vater Pamwa näher,
senkte den Blick auf die Blätter des alten Buches und sah,
daß er unrecht von Erasmus gedacht hatte, denn jener las
das Lied der Lieder des weisesten unter den Sterblichen und
des Propheten vor dem Herrn. Da erkannte der gottselige
Vater, daß nicht der Mönch Erasmus die Schuld trug, son-
dern die Bruderschaft. Und er sprach: »Mit welchen Gedan-
ken, ihr Ruchlosen, lauschtet ihr den Worten von der gött-
S. 17 lichen Liebe zu unserer allerreinsten Braut, der Kirche?«
Aber die Brüder schwiegen. »Ihr Niederträchtigen, hebt eure
Augen auf und schaut!« Nach dem Gebet des gottseligen
Pamwa taten sich für kurze Zeit ihre geistigen Augen auf,
und alle sahen: In geringer Höhe, nahe den Klosterdächern,
ballte sich eine schwere Wolke über ihnen, die von etwas
Blutigrotem durchzogen war. Und bald darauf gewahrten
sie, daß es nicht Blut war, sondern daß die Wolkenknäuel
wie Frauenbrüste herniederhingen, mit nach unten gerich-
teten Spitzen, und die Knäuel wogten in Form von schalen-
gleichen Schößen und mit leichtem Tuch umhüllten Schen-
keln und Hüften. Die Mönche schwiegen, bestürzt über die
Erscheinung. Auf ein Zeichen des gottseligen Vaters aber
S. 18 erzitterte die teuflisch schöne Wolke und verströmte einen
dickflüssigen milchweißen Regen. »Seht ihr, was ihr mit euren

Gedanken sät?« fragte sie der gottselige Pamwa. »Vergib
uns, Vater, wir sehen es«, antworteten die beschämten Mön-
che. Von jenem Tage an untersagte Pamwa dem jungen Eras-
mus das Lesen der Bücher und übertrug ihm ein anderes
Amt, bei welchem die Teufel den Liebreiz seiner zarten Stim-
me nicht mehr ins Böse verkehren konnten: Unter der uner-
müdlichen Aufsicht des Alten übte sich der Mönch Erasmus
im Malen von Heiligenbildern. Aus Furcht vor den teuf-
lischen Ränken sonderte Vater Pamwa den Erasmus von der
übrigen Bruderschaft, er schloß ihn in einer kleinen Klause
ein, und niemand sah und hörte ihn mehr – einzig der Alte.
Und die Wände jener Klause waren weiß wie das Kleid einer S. 19
unberührten Jungfrau, und es gab da ein kleines, mit einem
Gitter versehenes Fenster. Um die Mittagszeit legte sich der
Schatten des Gitters auf die Wand und stieg in gemächlichem
Gleiten höher, und zu der Stunde, da der Fluß seinen Schoß
der Sonne öffnete, verhielt der Schatten auf dem Deckenge-
wölbe und erlosch, und unten, auf dem jungfräulichen Kleid
der Wand, trat ein Fleck hervor, rot wie Blut. Und verzehrt
von einem ungekannten Brennen näherte sich der Mönch
Erasmus der Wand und betastete den purpurnen Fleck, als
erwarte er, seine Finger in dem zarten Blut zu färben. Am
Morgen aber strahlte die Wand wie zuvor in der Farbe der
Unschuld, und wenn Vater Pamwa die Klause betrat, froh-
lockte er insgeheim, daß schon der bloße Anblick dieser Wand
die Gedanken des jungen Mönchs läutern mußte, und er war S. 20
erfreut, da er sah, mit welcher Sorgfalt und Kunstfertigkeit
sich jener der großen und göttlichen Aufgabe, Heiligenbilder
zu malen, befleißigte. Um diese Zeit geschah es, daß der gott-
selige Pamwa ein vornehmes Eheweib mit Namen Maria
heilte: Über sie besaß ein Teufel Gewalt, der sie zu unauf-
hörlicher und unersättlicher Buhlerei anstachelte. Und allein
dadurch, daß er dreimal mit seinem Finger ihre von der
Flamme der Geilheit versengte Natur berührte, bescherte
ihr der gottselige Vater Frieden und befreite sie aus der

Macht des Teufels. Ihren Namen aber trug jene Frau zu
Ehren der heiligen Maria von Ägypten, und da sie geheilt
war, sprach sie zu dem Greis: »Ich bitte dich sehr, Vater, wenn
S. 21 du jemanden hast, der geschickt ist im Malen von Heiligen-
bildern, befiehl ihm, das Leben der heiligen Maria aufzu-
zeichnen, ihre Marterqualen und ihr schönes Wirken in der
ägyptischen Wüste. Wenn es fertig ist, will ich, eingeschlos-
sen in der Zelle, unter Tränen das Bild vom Leben der Hei-
ligen betrachten und danach eifern, in ihre Fußtapfen zu tre-
ten.« Selbigen Tags rief der gottselige Vater Pamwa den
Erasmus zu sich und fragte ihn: »Kennst du das hingebungs-
volle Leben der heiligen Maria von Ägypten?« Erasmus ant-
wortete: »Vergib mir, Vater, ich kenne es nicht.« Und der
Alte reichte ihm ein aufgeschlagenes Monatsbuch und hieß
ihn die Lebensbeschreibung der Heiligen lesen. Und Eras-
mus las den ganzen Tag und ließ sein Essen unberührt. Und
schon war es Abend, auf dem Deckengewölbe der Klause
S. 22 erlosch der Schatten des Gitters. Erasmus entzündete das
Lämpchen, und aufs neue las er, wie die von Wuchs herr-
liche Jungfrau mit dem Netz ihrer Schönheit die Jünglinge
und Männer von Alexandria auf ihr Lager zog, wie sie auf
dem von Wellen geschüttelten Schiff jedermann mit dem un-
ersättlichen Feuer ihrer Leidenschaft versengte und wie sie
als Einsiedlerin in der Wüste, verzehrt vom Verlangen nach
Vereinigung im Fleische, den Himmlischen Bräutigam um
Hilfe anrief. Und dieses ihr letztes Antlitz – in der Wüste,
die Augen von einem leichten Dunst überzogen, wie er über
einer von grimmiger Hitze glühenden Weite liegt, die Lip-
pen klaffend wie die nach regenlosen Zeiten ausgedörrte
Erde –, dieses Antlitz der Heiligen malte Erasmus in die
Mitte des Bildes. Zu ihren Füßen aber den gelben Sand und
S. 23 Gräser und Blumen, verbrannt von der Glut, welche die
Sonne verströmte oder der unter einem dünnen weißen Ge-
wand verborgene Körper der Heiligen. Und Erasmus hörte
nicht, wie Vater Pamwa zu ihm in die Zelle trat und gleich

einem Schutzengel hinter ihm stehen blieb. Lange betrachtete
der gottselige Vater das Bildnis der Heiligen, und er sprach
zu Erasmus: »Lobenswert ist dein Eifer, und ich sehe das Sie-
gel einer Gottesgabe auf dir.« – ›Ist sie wirklich von Gott?‹
sann der Greis. – »Doch noch ist deine Malkunst unvollkom-
men: Herrlich ist das Antlitz der heiligen Frau, unter ihrem
Chiton aber sehe ich nicht den Körper eines Weibes, son-
dern den eines Mannes. Denn du bist noch jung und mußt
die Geheimnisse der von dem Herrn aus Adams Rippe Er-
schaffenen erst erfahren.« Nachdem der Alte so gesprochen S. 24
hatte, ging er hinaus: Schon trat das abendliche Blut auf
dem makellos weißen Kleid der Wand hervor, und der
eiserne Gong rief die Bruderschaft ins Gotteshaus. Erasmus
aber war von dem Greis des Kirchengebetes entbunden wor-
den und blieb in der Klause allein. Betrübt fiel Erasmus vor
dem Bildnis zu Boden, betete inständig und rief: »Sei barm-
herzig, heilige Frau, lehre mich deinen ehrbaren Leib er-
kennen, auf daß ich dich würdig rühmen kann!« Da aber
vernahm er hinter seinem Rücken ein leises, kaum hörbares
Lachen. Erstaunt wandte er sich um und suchte, wer die
Klause betreten haben mochte – und sah nur zwei spielende
Tauben am Fenstergitter. Sogleich erinnerte sich Erasmus
der Tauben auf dem Grabkreuz am Tag seiner Ankunft im S. 25
Kloster, er schlug das Kreuzeszeichen – und die Tauben ent-
schwanden am rosigen Himmel. Aber wieder hörte er jenes
Lachen, nun näher und deutlicher. Und da sah der Mönch
Erasmus vor der von der Abendsonne überstrahlten Wand,
wie aus ihr herausgetreten, eine unbekannte Jungfrau. »Wer
bist du?« fragte der Mönch Erasmus und legte die Hände
auf sein Herz, das in Furcht und einem anderen, nie gespür-
ten Beben erzitterte. »Mein Name ist Maria«, antwortete die
Jungfrau. »Ich lebte in Ägypten. Und ich bin auf dein Gebet
zu dir gesandt.« Erstaunt über das wunderbare Zeichen, ver-
säumte Erasmus sogar, sich erneut zu bekreuzigen, doch be-
gann er sogleich, niedersinkend, das Gewand der ihm er-

S. 26 schienenen Jungfrau mit Küssen zu bedecken, von ihren
Füßen an aufwärts. Und er spürte einen Duft, der ihm un-
bekannt war, aber gleichsam bis zu dieser Stunde stets in
seinem Herzen gewohnt hatte. Und alles in Erasmus geriet
in Wallung und strebte unaufhaltsam der heiligen Jungfrau
zu, wie der von den Säften des Frühlings pralle Grasstengel
unaufhaltsam zur Sonne aufsteht. Beschämt trat Erasmus zu-
rück, schlug die Augen nieder und suchte seine Kleidung so
zu richten, daß die heilige Jungfrau seine Aufregung nicht
sähe. Sie aber nannte ihn beim Namen – ihre Stimme durch-
bohrte das Herz des Erasmus wie ein wonnigliches Schwert –,
und sie sprach zu ihm dies: »Warum ist dein Herz verwirrt,
unverständiger Jüngling? Komm näher. Hast du die Er-
S. 27 mahnungen deines Lehrmeisters Pamwa vergessen? Weißt
du nicht mehr, wozu ich dir für eine kurze Frist gesandt bin?«
Da überwand Erasmus seine Bestürzung, näherte sich der
Jungfrau und löste bebend ihren Gürtel und die Schnalle am
oberen Teil ihres Gewandes. Der weiße Chiton fiel zur
Hälfte herab, und Erasmus offenbarte sich das ihm bis zur
Stunde unbekannte Geheimnis der Brüste. Sie waren wie
zwei Wogen, die sich auf Gottes wunderbares Geheiß hoch
aus der stillen See erhoben, und die am Rande der Erde ver-
sinkende Sonne entzündete rote Flämmchen auf den spitzen
Gipfeln jener Wogen. Und erfreut über die nun erfahrene
Weisheit des Schöpfers und Vater Pamwas Ermahnung fol-
gend, begann Erasmus, das Enthüllte mit Sorgfalt zu unter-
suchen. Wie der ungläubige Apostel Thomas traute er nicht
S. 28 dem bloßen Augenschein, sondern tauchte seine Finger in
die sanften und kühlen Wogen, und bei jedem Male spürte
er das wonnigliche Schwert tiefer in seinem Herzen, und wie
in einem seligen Dahinscheiden entrann das Leben aus ihm
in feurigen Tropfen. »Noch aber hast du nicht alles erkannt«,
sprach lächelnd die Jungfrau. »Säume nicht, denn nur für
eine kurze Frist bin ich zu dir gesandt.« Und im Innersten
bebend im Vorgefühl eines noch herrlicheren und zarteren

Geheimnisses, öffnete der junge Mönch die untere Schnalle
ihres Gewandes. Doch in dem Augenblick, da schon das
letzte Geheimnis vor ihm erstehen sollte, vernahm er ein
leises Klirren wie von einem zerspringenden Gefäß, und die
Jungfrau war spurlos verschwunden. In der Tür der Klause S. 29
aber erblickte Erasmus den gottseligen Pamwa. Er war im
Zorn, seine ergrauten Brauen waren ausgebreitet wie Schwin-
gen, und er glich einem furchtgebietenden Vogel, der zum
Schutz seiner Jungen herbeifliegt. Und mit lauter Stimme
fragte Pamwa: »Was tatest du, Arglistiger? Und wer war
bei dir?« Und ohne Hehl erzählte Erasmus dem weisen Alten
alles: wie er unter Tränen gebetet hatte, daß die Heilige ihn
den Körper des Weibes erkennen ließe, auf daß er ihren
ehrbaren Leib würdig rühme, wie sie ihm auf sein Flehen
erschienen war und wie er alles erfahren hatte bis auf das
eine, das letzte, Geheimnis. Nicht wenig bestürzt war der
gottselige Pamwa über das, was Erasmus berichtete, denn S. 30
er war sich nicht sicher in dem Glauben, daß die Erschei-
nung des Erasmus von Gott kam und nicht vom Teufel. Und
weise sprach er zu Erasmus: »Danke dem, der dir Hilfe
sandte in deinen Mühen zum Ruhme der Heiligen. Doch
wisse: Jenes letzte Geheimnis darf ein Mönch nicht kennen,
und du bedarfst dieses Geheimnisses nicht in deiner Kunst.
So gehe denn und schlafe in Frieden.« Aber nicht friedlich
war der Schlaf des Erasmus: Sein Lager war wie von Kohle,
und bis in den Morgen bedrängte ihn eine unbezähmbare,
unerbittliche Sehnsucht nach jenem, dem letzten, Geheimnis,
und bis zum Morgen tauchte er seine Finger in die perlen-
schäumenden, wunderbar aus der stillen See erstandenen
Wogen. In der Frühe jedoch, nachdem er sich wie gewohnt
tief vor dem alten Mönch verneigt hatte, wusch er die Pin- S. 31
sel, und bebend entsann er sich des ihm tags zuvor Eröff-
neten und ging an die Vervollkommnung dessen, was ihm
sein Meister in der Kunst, der gottselige Pamwa, gewiesen
hatte. Bald war das Bildnis vollendet. Aufmerksam betrach-

tete es der gottselige Pamwa und sah, daß die Heilige jetzt
nicht nur von Angesicht, sondern auch an ihrem Leib die
herrlichste aller Frauen war, und es wollte dem Alten sogar
scheinen, als glimmte unter ihrem wolkenweißen Gewand
der Busen mit Zünglein einer hauchfeinen Lohe. Aber da-
von sagte er Erasmus nichts, da er bei sich dachte, er sähe
nur wie gewöhnlich durch die Frauenkleider hindurch, als
wären sie aus Glas. Und er ließ die Schwingen seiner Brauen
S. 32 emporfliegen, segnete den Erasmus und sprach: »Ich sehe,
dein Geist ist für die Heilige entbrannt. So lösche diesen
Brand nicht, bevor du das Bild zu Ende gemalt hast.« Eras-
mus aber vermochte nicht mehr, den Brand zu löschen, den
er in sich trug, und hätte er es auch gewollt. Nach diesen
Worten verließ Vater Pamwa das Kloster, denn er war zum
Fürsten jenes Landes ans Krankenlager gerufen. Als er aus
dem Tor trat, blickte sich der gottselige Vater noch einmal
nach den golden aus dem Grün leuchtenden Kuppeln des
Gotteshauses um – und er sah: An den Zweigen der alten
Einsiedlerlinden hingen die Teufel in Trauben und wiegten
sich gleich ausgeschwärmten Bienen. Und den Alten schau-
derte im dunklen Vorgefühl neuer und unerhörter Teufels-
ränke, doch dem Willen des Fürsten konnte er sich nicht ent-
S. 33 ziehen. In Pamwas Abwesenheit brachte Erasmus ein statt-
licher Küchenvater namens Samson das Essen. Er war wie
der biblische Samson an allen Gliedern bis ins Letzte groß
und stark, und ihm wuchsen weder auf dem Kopf noch im
Gesicht oder sonst am Körper Haare, so daß er gleichsam
zwiefach nackt war, und auf Pamwas Geheiß trug er auch
sommers nicht weniger als drei Gewänder auf seinem Leib.
Beim Anblick eines Weibes aber, selbst wenn es nicht von
Fleisch und Blut, sondern nur ein Abbild war, wurde er über
die Maßen wild. Und aus Furcht vor jener maßlosen Wild-
heit nahm Erasmus die Speise von dem Küchenvater durch
die Türklappe entgegen. Vom Morgen an und den ganzen
Tag sandte die Sonne ihre Lohe aus; von der großen Trok-

kenheit brannten in der Ferne, hinter dem See, Gräser und S. 34
Wälder. Und mit den Gräsern brannte ohne zu verbrennen
Erasmus, und auf dem glatten Zypressenholz erstanden die
Bilder aus dem hingebungsvollen Leben der Heiligen. Die
Tür zum Gemach, und vor jener Tür die lange Reihe der
Jünglinge und Männer von Alexandria, mit Lippen, schwarz
von der Gier nach Küssen – wie eine Phalanx von Kriegern,
die ihre schwere, im Feuer gehärtete Waffe schon erhoben
haben und darauf warten, sich auf den Feind zu stürzen, um
ihn mit jener Waffe auf den Tod zu durchbohren. Darunter
in goldener Umrahmung die Kammer, ärmlich und rein –
denn die Heilige lebte in Kargheit und nahm kein Entgelt
für die Schönheit ihres Leibes. In dem Gemach ein beschei-
denes und doch prächtiges Lager aus Gras, und auf dem grü- S. 35
nen Jaspis der Gräser eine goldene Frucht: die Blöße der
Heiligen, und vier als rote Kelche erblühte Blumen verseng-
ten den Blick. Jedoch, wie schon erzählt, Erasmus kannte
bereits das Geheimnis des Mundes und der Brüste; das vierte
aber, das letzte Geheimnis, hatte der junge Mönch noch nicht
erfahren, und nicht aus zwei, sondern aus drei purpurnen
Blättchen hatte er dieses letzte Geheimnis gestaltet, wodurch
es für den Betrachter noch verderblicher und unwidersteh-
licher wurde. Und in einem anderen Rahmen aus rotem Gold
blühten jene Blumen auf dem von Stürmen geschüttelten
Schiff, und die Schiffer vergaßen die Meereswellen und stie-
gen und fielen auf anderen, feurigen Wogen. Und weiter hin
begegnete in der verbrannten, strohgelben Wüste der heilige S. 36
Sossima der Maria, und voller Entsetzen riß er sich die Klei-
der vom Leib und warf sie ihr zu, auf daß er nicht verdürbe,
so er die Reize ihrer Nacktheit schaute, doch der Wüsten-
wind trug das Gewand davon, und betrübt stand Sossima
und hielt die Augen gesenkt auf seine Brunst. Und so malte
Erasmus das ganze hingebungsvolle Leben der heiligen Ma-
ria bis zu ihrem seligen Heimgang. Es schlug die vom Blut
der Sonne getränkte Stunde der Dämmerung, als er sein

Werk vollendete. Zu dieser Stunde brachte der Küchenvater
Samson wie gewöhnlich dem Erasmus die Abendspeise. Und
berauscht von den Gedanken und Befürchtungen dieser Tage,
S. 37 rief Erasmus den Alten an und sagte: »Groß ist die Stunde,
da der Weg zu Ende geht. Tritt ein, Bruder Samson, und
sage mir, was du siehst.« – »Es ist für mich gefährlich, Bru-
der«, antwortete Samson durch die Türklappe. »Tritt ein,
sage ich dir!« sprach Erasmus in Ungeduld und Zorn. Und
um seinen Bruder nicht zu erzürnen, trat Samson ein. Und
da er schaute, geriet er ins Wanken, als wären seine Beine
plötzlich bleischwer, und unter wütendem Geheul stürzte er
nieder und rammte den kalten Lehmboden der Klause. Er-
schrocken ergriff Erasmus das Gefäß mit dem von Samson
herbeigetragenen Wasser und goß es über den Rasenden aus.
Da stand Samson auf, er zerriß seine Kleider, und dann,
S. 38 zwiefach nackt, rief er aus: »Weh über mich Verfluchten!
Müßig verströmt meine Kraft!« Und er spaltete die Zellen-
tür und lief hinaus. Und eine Nacht brach herein, furchtbar
an Begebnissen und Zeichen. Inmitten des rauchigen Dun-
kels, ihren Weg mit Wachskerzen erleuchtend, irrten die
Mönche umher und stießen sich an den Grabkreuzen. In
einem entfernten Winkel, hinter dem Brotkeller, öffnete und
schloß sich wieder ein feuerrotes Fenster: Dort wurde der
Küchenvater Samson in Ketten geschmiedet, damit er nicht
die Bäume und die Gerätschaften und die Gebäude des Klo-
sters beschädigte, denn mit seiner großen Kraft konnte er
alles zerschlagen. Und von der Höhe der Dächer herab, wo
ehedem die von Pamwa sichtbar gemachte Wolke schwebte,
S. 39 war die ganze Nacht ein leises, wie von einem Kitzeln her-
rührendes Lachen zu hören, und ein Quietschen, und es tröp-
felte ein gräßliches, weißem Tau ähnelndes Harz hernieder.
Die Sonne ging auf, glutrot hinter dem Rauch, und siehe:
Durch eine wunderbare Fügung waren über Nacht alle Bäu-
me und Gräser erblüht, weit öffneten sie ihre Kelche, die
roten und die wie der Leib rosigen und die wie Perlen wei-

ßen Kelche, und sie verströmten bezaubernde Düfte. Und
allerorten – auf den Bäumen wie in den Blütenkelchen, auf
den Grabkreuzen und Fenstergittern, in den Trinkgefäßen
und auf den Schultern der Mönche –, überall saßen Heu-
schrecken mit Flügeln wie vom himmlischen Regenbogen,
und flügelschlagend fanden sie sich zu Paaren. Als er nicht
wie sonst den morgendlichen Gongschlag hörte, statt dessen
aber Aufruhr und Geheul, trat Erasmus hinaus zu der Bru- S. 40
derschaft und sprach: »Was ereifert ihr euch, Brüder? Fürch-
tet euch nicht, sondern nehmt aus meiner Klause das Bildnis
der mir wundersam erschienenen Heiligen, und sie, des bin
ich gewiß, wird euch heilen.« Und nachdem er dies gesagt
hatte, schloß sich Erasmus wieder in seiner Zelle ein, des
ihm vom Vater Pamwa auferlegten Gebotes eingedenk. Die
Brüder aber nahmen auf des Erasmus Geheiß das von ihm
gemalte Bild der Maria von Ägypten in ihrem Lebenswan-
del, stellten es vor dem Klostertor auf und errichteten dar-
über einen Baldachin aus Blumen. Doch kaum hatten sie
ihren Bittgesang angestimmt und ihre Blicke voller Hoff-
nung zu dem Heiligenbild erhoben, als sie deutlich auf dem
ausgestreckten goldenen Körper die flammenden vier Blü-
ten sahen – und die letzte, die vierte, war nach dem Willen
und aus Unkenntnis des Erasmus nicht aus zwei, sondern S. 41
aus drei Blättchen gefügt. Und unvermittelt packte sie alle
das Feuer der Leidenschaft, und alle, die Novizen ebenso
wie die steinalten Väter, waren gleich den Männern von
Alexandria an der Tür jenes Gemaches bereit, mit ihrer auf-
gerichteten Waffe den geliebten Feind zu durchbohren. Zur
selben Stunde zerriß der ohne Aufsicht zurückgebliebene
Samson die starken Ketten und kam, alles auf seinem Wege
zerspaltend, zu der Bruderschaft, vor der er dreist, in der
vierten Tonart, seine Gier nach fleischlicher Vereinigung be-
kannte. Der Pförtner aber, der Gebetshymnen zu verneh-
men meinte, öffnete das Tor den vielen Einlaß ins Kloster
erhoffenden weltlichen Frauen und Mädchen und Männern.

Und alle strömten herein, und auf dem Rasen, auf den vor-
S. 42 mals so reinen Fliesen des Klosterhofes, auf den Stufen der
Zellen, im Schatten der über Nacht erblühten Sträucher –
überall hob ein unerhörtes Treiben an. Und wieder ertönte
wie in der Nacht aus der Höhe der Dächer ein Lachen wie
von einem Kitzeln und ein Quietschen, und ein entsetzlicher
Tau netzte das Gras. Doch einzig und allein der von dem
Fürsten des Landes zurückkehrende Vater Pamwa sah über
dem Kloster Wolken vergnügter und flügelschlagender Teu-
fel. Und mehr noch: Nicht einer der von den Teufeln be-
zwungenen Mönche bemerkte das zornige Antlitz des Grei-
ses und seine wie eine Geißel geschwungenen flügelgleichen
Brauen, und niemand vernahm seine lauten, beschämenden
Worte. Da erkannte der Alte, daß die Teufel für eine kleine
S. 43 Weile triumphierten und daß sie das Kloster bis zu jener
Stunde regieren würden, da er das teuflische Feuer in dem
jungen Erasmus, der Verlockungen schuf, ohne solches zu
ahnen, ausgemerzt haben würde. So trat der Greis in seine
Zelle und aus dieser in die Klause des Erasmus. Und er sah
Erasmus, der als einziger im Kloster ohne Frau auf seinem
Lager ruhte. Seine Wangen aber waren von einem unsicht-
baren Feuer entflammt, und mit ausgedörrten Lippen trank
er von dem ihm unbekannten vierten Geheimnis. Der gott-
selige Pamwa schloß Türen und Fenster, um sein Herz nicht
vom Flüstern und Rauschen der Raserei verwirren zu las-
sen, und versenkte sich für lange Zeit ins Gebet. In der An-
dacht aber kam ihm die Erleuchtung, und er hörte, wie eine
Stimme gleichsam aus seinem Innern sprach: »Laß fahren
S. 44 den Pfeil, so entspannt sich die Sehne, und der Bogen wird
nicht länger todbringend sein.« Da sagte er sich: »Fürwahr,
so ist es.« Und wieder betete er, und vor ihm erstand die
Erasmus erschienene Jungfau, die sich Maria nannte. Der
Alte nahm die Jungfrau an der Hand und führte sie in die
Zelle des Erasmus, und er sprach so zu ihm: »Erhebe dich,
Erasmus. Die heilige Jungfrau erscheint dir in ihrer Gnade

aufs neue. Nimm sie hin und erfahre das vierte, das letzte,
Geheimnis. Denn ich sehe nun: Wer die Schöpfung nachbil-
den will, der muß alle Geheimnisse des Schöpfers kennen.«
Und er sah, wie Erasmus das Gewand von dem zarten Leib
zog und, nachdem er von neuem die drei ersten Geheimnisse
berührt hatte, stöhnend in das letzte eintauchte. Die Sonne
tauchte in die Wasser des Sees hinter dem Kloster, und auf S. 45
dem unschuldig-weißen Kleid der Wand trat der blutrote
Fleck hervor. Und im selben Augenblick fielen die Blüten
von den Bäumen und Gräsern ab, vergingen die regenbogen-
farbenen Flügel der Heuschrecken, zerrannen die Teufel wie
Wachs, und beschämt, im Dunkel, zerstreuten sich die Brü-
der und begaben sich in ihre Zellen. Der gottselige Pamwa
aber trat hinaus in den Hof des Klosters, segnete die er-
schöpften Frauen und Mädchen und entließ sie, indem er zu
ihnen sagte: »Geht hin in Frieden, denn nichts auf der Welt
geschieht gegen den Willen des Schöpfers, auch nicht die
Sünde, und alles geschieht zum Wohl.« Von jenem Tage an
fielen die unsichtbaren teuflischen Blüten von Erasmus ab,
und er war von seinem einstigen Besessensein geheilt. Be-
herzt ließ Vater Pamwa ihn unter den Brüdern leben, und S. 46
wenn Erasmus im Gotteshaus las, ging keine Verführung
mehr von seinem Lesen aus, und wenn er die Gesichter der
Heiligen malte, so tat er dies wie die anderen, zum Ruhme
Gottes und nicht des Satans. Und durch die Heldentaten
seiner Mönche wurde das Kloster berühmt im ganzen Land.
Das Andenken an jene finsteren teuflischen Verlockungen
aber, an die schrecklichen Zeichen und ungewöhnlichen Be-
gebenheiten, schmolz dank dem Gebet des gottseligen
Pamwa wie Frühlingsschnee in der Sonne. Und nur ich, der
unwürdige Büßermönch Innokenti, habe dies alles mit dem
Segen des weisen Vaters aufgeschrieben zur Erbauung und
Belehrung der Vorsteher unseres Klosters. Den gemeinen
Mönchen jedoch ist das Lesen dieser Schrift verwehrt.

Begegnungen mit B. M. Kustodijew

Dies müßte eigentlich anders heißen: ›Begegnungen mit Boris Michailowitsch und mit Kustodijew‹. Geradeso – nicht mit einer, sondern mit zwei Personen. Denn ich bin ihnen nicht gleichzeitig begegnet, und beide – der Künstler Kustodijew und der Mensch Boris Michailowitsch – leben getrennt in meinem Gedächtnis.

Den Künstler Kustodijew habe ich vor lange Zeit kennengelernt – das geschah nicht in Leningrad, sondern noch in Petersburg, auf einer Ausstellung der ›Welt der Kunst‹. Auf dieser Ausstellung hielt mich plötzlich ein Bild von Kustodijew fest und ließ mich nicht mehr los. Ich stand davor – ich sah es bereits nicht nur, ich hörte es, und die Worte, die ich zu hören meinte, notierte ich hastig im Katalog – bald waren alle Ränder beschrieben. Ich kenne nicht den Titel dieses Bildes, ich weiß nur: Winter, Schnee, Bäume, Schneewehen, Schlitten, rotwangige russische Fröhlichkeit – die bunte, Kustodijewsche Rus. Vielleicht kam es daher, daß ich in jenen Jahren gerade mit ebendiesen Farben lebte: Ich schrieb damals mein ›Provinzleben‹. Allerdings sah Kustodijew Rußland mit anderen Augen als ich – seine Augen waren viel freundlicher und milder; Rußland aber gab es nur einmal, es verband uns – und früher oder später mußten wir uns begegnen.

Diese Begegnung, bei der ich nicht nur Kustodijew, sondern auch Boris Michailowitsch kennen- und liebenlernte, fand nicht so bald statt, erst an die zehn Jahre später, als es kein Petersburg mehr gab, sondern Petrograd-Leningrad, als die üppige Kustodijewsche Rus schon auf der Totenbahre lag. Von der Toten mochte ich jetzt nicht so sprechen, wie es von der Lebenden möglich gewesen war; der billige Triumph, den verendeten Löwen mit Füßen zu treten, reizte mich nicht. So kam es, daß Kustodijews und mein Rußland auf Leinwand und auf Papier nun in denselben Farben geschildert werden konnten. So kam es, daß ich mich mit dem Künstler Kustodijew in unserem gemeinsamen Buch ›Die Rus‹ traf – und dies war der Beginn meiner Bekanntschaft mit dem Menschen Boris Michailowitsch.

Im Herbst des Jahres 22 schickte mir der Verlag ›Aquilo‹ die ›russischen Charaktere‹ Kustodijews, damit ich einen Aufsatz darüber schriebe. Wovon sollte ich schreiben? Von der Maltechnik Kustodijews? Das würden andere besser als ich tun. Ich schrieb keinen Aufsatz, ich machte etwas anderes: Ich breitete einfach all die Kustodijewschen Schönheiten, Kutscher, Kaufleute, Schankwirte und Nonnen vor mir aus, betrachtete sie genauso wie einst sein Bild auf der Ausstellung – und wie von selbst entstand die Novelle (›Die Rus‹), die in den Band ›Die Rus‹ aufgenommen wurde.

Die Novelle war vollendet – und ein, zwei Tage darauf wurde ich aus dem Verlag ›Aquilo‹ angerufen, daß Kustodijew mich für den Abend zu sich bitte. Dies ›für den Abend‹ verstand ich nach Petersburger Brauch, ich kam spät zu Boris Michailowitsch, gegen zehn – und da lag zum erstenmal das Buch seiner Vita aufgeschlagen vor mir. Ich kann kein anderes Wort finden als ›Vita‹, wenn ich von seinem Leben in diesen letzten Jahren spreche.

Ein kleines Zimmerchen – das Schlafzimmer, und rechts an der Wand im Bett Boris Michailowitsch. Dieses Bett ist hier kein zufälliges Utensil, ich erinnere mich gut daran: Zwischen Kopf- und Fußende war in einer Höhe von reichlich einem Arschin eine Stange befestigt – ich begriff nicht, wozu sie diente. Auf einem Tischchen neben dem Bett lag mein Manuskript, Boris Michailowitsch wollte mir einige Textstellen zeigen, streckte die Hand aus – und auf einmal sah ich: Er richtete sich ein wenig auf dem Ellbogen hoch, griff nach der Stange, und mit zusammengebissenen Zähnen, sich den Schmerz verbeißend, schob er den Kopf geduckt nach vorn, als wollte er ihn vor einem Schlag von hinten schützen. Diese Geste sah ich danach noch viele Male, später gewöhnte ich mich daran, wie wir uns an alles gewöhnen, damals aber – ich erinnere mich: Es war mir peinlich, daß ich gesund war und er, an die Stange geklammert, sich vor Schmerz krümmte, daß ich gleich aufstehen und weggehen würde, er aber nicht aufstehen konnte. Dieser Scham wegen war ich nicht mehr imstande zuzuhören, ich verstand nicht, was Boris Michailowitsch über unser Buch sagte – schon sehr bald verließ ich ihn ...

Ich nahm den Eindruck mit: welch müder, schwacher, schmerzgeplagter Mensch.

Einige Tage später war ich wieder da – um diesmal zu sehen: Von welcher Frische, von welch außergewöhnlicher Seelenstärke war dieser Mensch.

Man führte mich in das Atelier. Der Tag war frostig und hell, von der Sonne oder von Kustodijews Bildern wirkte der Raum heiter: An den Wänden schimmerten rosig blühende Körper, glühten goldene Kreuze, sprossen grüne Sommergräser – alles war angefüllt mit Freude, Blut, Saft. Und der Mann, der alle diese Bilder mit Säften getränkt und zum Leben erweckt hatte, saß (neben dem in jenen Jahren obligatorischen Kanonenofen) im Rollstuhl, mit umhüllten, abgestorbenen Beinen, und sagte mit leichter Selbstironie: »Was sind schon die Beine ... ein Luxusgegenstand. Aber jetzt fängt die Hand an zu schmerzen – das ist ärgerlich.«

Vieles erschließt sich uns nur im Vergleich, im Kontrast. Und erst an diesem Tag, als ich den Künstler und seine Bilder, den Künstler und den Menschen zum erstenmal in einem Zimmer, nebeneinander, sah – verstand ich: Welch einen Schaffenswillen muß man in sich tragen, um so, im Rollstuhl sitzend und vor Schmerz die Zähne zusammenbeißend, all diese Bilder zu malen. Ich begriff: Der Mensch Boris Michailowitsch war stärker und robuster als wir alle. Und weiter: Sein Leben war eine ›Vita‹, und er war einer jener Märtyrer, wie sie seine geliebte Rus aus alter Zeit kannte. Nur mit dem einen Unterschied, daß er seine Taten nicht zur Errettung der Seele vollbrachte, sondern im Namen der Kunst. Illarion der Einsiedler, Afanassi der Sitzende, Nil Stolbenski der Sitzende – und nun in unseren Tagen ein neuer ›Einsiedler‹ und ›Sitzender‹. Doch dieser Einsiedler verdammte nicht die Erde, den Körper, die Lebensfreude, sondern pries sie mit seinen Farben.

Wie man aus allen Lesemenäen weiß, erschienen jedem wahren Einsiedler und Büßer von Zeit zu Zeit Teufel und versuchten ihn. Mir war es beschieden, ein solcher Teufel für Boris Michailowitsch zu werden – und die Folge dieser Versuchung war die einzige gedruckte Serie erotischer Zeichnungen von Kustodijew, Illustrationen zu meiner Erzählung ›Wie der Mönch Erasmus geheilet ward‹. Dieses Buch, das der Verlag ›Petropolis‹ in Berlin herausgab, war unsere zweite gemeinsame Arbeit.

Die Aufgabe für den Künstler war in diesem Fall sehr schwierig. Natürlich ging es nicht um eine primitive, offene Erotik in der Art gewisser Arbeiten von Somow: In den Illustrationen sollte wiedergegeben werden, was der Text nur zwischen den Zeilen bot, in Andeutungen, in Metaphern. Und Kustodijew löste diese scheinbar unlösbare Aufgabe mit erstaunlicher Eleganz, mit erstaunlichem Takt – und ich füge hinzu: mit einem großen Sinn für Humor.

Wie es Kustodijew fertigbrachte, sich diesen Sinn zu bewahren, wie er ihn unbeschädigt durch sein Leben tragen konnte – ich weiß es nicht. Und noch stärker als in dem Künstler Kustodijew war er in dem Menschen Boris Michailowitsch: Er liebte den Scherz, den Wortwitz, das Lachen. Er lachte manchmal so jugendlich und fröhlich, daß wir, die an einem Tisch mit ihm sitzenden Gesunden, neidisch wurden.*

* Ich kann mir zum Beispiel vorstellen, wie er lachen würde, wenn er den von den ›Iswestija‹ gedruckten Artikel des Moskauer Kri-

Heiter sah ich Boris Michailowitsch mehr als einmal, oft sah ich ihn müde und krank – niemals aber sah ich ihn verzagt, nie sah ich, daß er die Hände sinken ließ. Vielleicht lag es darin begründet, daß diese Hände ewig beschäftigt waren, immer lag auf dem an seinem Rollstuhl befestigten Tischchen irgendeine Arbeit vor ihm. Und ich entsinne mich, er sagte oft, daß die Arbeit die beste Medizin für ihn sei.

Mitunter aber wurde ihm die Arbeit nicht zur Medizin, sondern zur Krankheit – und nicht der Mensch Boris Michailowitsch erkrankte, sondern der Künstler Kustodijew. ›Dauernd erledige ich irgendwelche ekelhaften Aufträge, die nichts Halbes und nichts Ganzes sind, versuche das Geld für eine Reise zusammenzubekommen, man zahlt mir mein Honorar nicht ...‹, schrieb er mir im Sommer 26. Damals aber – in den Jahren 23, 24 – litt er noch stärker unter dieser widerwärtigen Krankheit. Um zu leben, zu essen, den Kanonenofen zu heizen, mußte er seine eigentliche, wahre Arbeit zur Seite legen und sich mit ›halben Aufträgen‹ abgeben. Ich sah, wie ihm in solchen Fällen auf einmal die Bleistifte abbrachen, die Radiergummis verschwanden, wie ihm nichts geraten wollte und alles ihn reizte. Ich weiß noch, einmal brachte man ihm in meiner Gegenwart einen Schutzumschlag, den er im Auftrag des Verlages ›Erde und Fabrik‹ angefertigt hatte; die Zeichnung erwies sich als nicht ›der ideologischen Aufgabe‹ entsprechend, sie mußte neu entworfen werden. An jenem Tag sah ich zum einzigen Mal in all

tikers Fritsche lesen könnte, in dem Fritsche über Kustodijew und mich schreibt. Fritsche stellt den tugendsamen Kustodijew gegen mich, der ich nicht tugendsam bin, und in seiner Unschuld ahnt er nicht, daß Kustodijew die Zeichnungen zu meiner Erzählung ›Wie der Mönch Erasmus geheilet ward‹ anfertigte, daß ›Die Rus‹ als Text zu Bildern Kustodijews geschrieben wurde.

Es tut mir leid, daß Boris Michailowitsch nicht ein übriges Mal im Leben von Herzen lachen durfte.

den Jahren unserer Bekanntschaft, wie Kustodijew die gewohnte Selbstbeherrschung verlor – ich sah ihn wirklich verärgert.

Zu Beginn des Winters 23 wollte Boris Michailowitsch mein Porträt malen – und im Verlauf von zwei Wochen kam ich fast jeden Morgen zu ihm. Im Atelier herrschte noch die über Nacht gespeicherte Stille, der Ofen prasselte, draußen – in der Mariä-Opfer-Kirche – läutete eine Glocke. Boris Michailowitsch gab mir die Hand auf eigentümliche Weise, vorsichtig, wie eine Kelle: Die Hand schmerzte, er schonte sie. Nach der Begrüßung schob er sie sogleich unter das Hemd, um sie zu wärmen, und auf einmal zog er zu meiner Überraschung ein Kätzchen und noch ein zweites hervor: Er liebte Tiere sehr. Dann suchte er, geschickt die Räder seines Rollstuhls drehend, die richtige Stellung aus und griff zum Bleistift. Seine Lippen lächelten noch, sprachen noch den Satz zu Ende, die Augen aber veränderten sich sofort, sie wurden scharf wie die eines Jägers, der das Gewehr anlegt. Gewöhnlich arbeitete er zunächst schweigend, und erst später, wenn, wie er es nannte, sein ›Bleistift warm geworden‹ war, kamen wir ins Gespräch.

Es scheint, ich habe danach nie wieder so mit ihm sprechen können wie an diesem Wintermorgen. Wir redeten über alles: Menschen, Bücher, Länder, das Theater, Rußland, die Bolschewiki. Manchmal fiel mir etwas Lustiges ein, und ich erzählte es – dann warf er den Bleistift hin und lachte – zusammengekrümmt, damit ihn das Lachen nicht schmerzte. Meist aber erzählte entweder er mir von seinen früheren Reisen oder ich ihm von meinen. Für die christlichen Büßer, die sich einem enthaltsamen Leben geweiht hatten, nahm die Versuchung naturgemäß die Gestalt einer Frau an; für Kustodijew, der dazu verurteilt war, in seinen vier Wänden zu leben, verkörperte sich die Versuchung natürlich im Reisen. Mitunter begann er laut zu träumen: »Ach, wenn ich noch einmal im Leben irgendwohin käme … Nach Paris – nein, besser nach London, und irgendwo oben zu sitzen, auf dem Dach eines Zehngeschossers, damit von dort alles zu sehen wäre.« Vom langjährigen Einsiedlertum, von der chronischen visuellen Unterernährung waren seine Augen geradezu ausgehungert.

Einmal kam ich zu Boris Michailowitsch und erblickte seinen Stuhl an einem ganz unüblichen Platz: in der Ecke am Fenster. Leicht nach vorn gebeugt, schaute er immerfort auf die Straße und hatte es nicht wie sonst eilig, sich an die Arbeit zu setzen. Ich fragte, was geschehen sei. »Heute ist Hochamt, gleich kommen die Leute aus der Kirche, das muß ich sehen«, erklärte er mir. Und ich verstand: Für seine ausgehungerten Augen gab das bereits reichliche Nahrung.

Woher nur nahm Kustodijew bei diesem Mangel an äußeren Eindrücken das ganze farbenprächtige, reiche Material seiner Bilder? Offenbar besaß er ein außergewöhnliches visuelles Gedächtnis, in dessen Innern irgendwo noch volle Speicher waren mit Vorräten aller Art, auch diese Vorräte waren unerschöpflich.

In diesen Wochen, als das Porträt entstand, zogen Tag für Tag die Seiten der Vita Kustodijews an mir vorüber – und ich erkannte immer klarer, welch gewaltige Seelenstärke dieser Mensch besaß.

Nach meinem Eindruck fühlte sich Boris Michailowitsch in jenem Winter schlechter als je zuvor. Besonders quälten ihn die Krämpfe. An seinem Stuhl war ein Tischchen mit abnehmbarer Sperrholzplatte angebracht – und einmal geschah es, daß die im Krampf emporgeschnellten Beine die Platte hinunterstießen und Farben und Bleistifte zu Boden fielen. Von da an mußten die Beine während der Arbeit mit Riemen am Stuhl festgebunden werden. Die Schmerzen wurden davon natürlich nicht geringer.

Ich erinnere mich, wiederholt sah ich, wie sich Boris Michailowitschs Gesicht plötzlich seltsam veränderte: Die rechte Hälfte errötete heftig, die linke aber blieb blaß. Und danach immer dieselbe Geste: der in die Schultern gezogene, nach vorn gebeugte Kopf – als spüre er hinter sich eine zum Schlag erhobene Hand.

Es tat physisch weh, das zu sehen. Doch sooft ich Boris Michailowitsch auch vorschlug, die Arbeit sein zu lassen und sich wenigstens für kurze Zeit auszuruhen – nie ging er darauf ein. Mit einer unwahrscheinlichen Willensanspannung bezwang er den Schmerz und zeichnete weiter – das, was er wollte, das Eigene, Wahre, und auch das, was nötig war, um zu leben, zu essen, den Ofen zu heizen.

Etwas gab es, das ihn erschreckte und woran er mit Grauen dachte: die Schmerzen in der rechten Hand. Nur ein- oder zweimal, entsinne ich mich, sagte er mir, daß es ihm jetzt ab und zu schwerfiele, den Bleistift oder den Pinsel zu halten. Damit drohte ihm der Verlust des eigentlichen Lebenssinns, es war das gleiche, als nähme man einem christlichen Heiligen den Glauben an Gott.

Es blieb nur eins: eine Operation zu versuchen (es war schon die dritte) – und Boris Michailowitsch fuhr nach Moskau. Diese äußerst komplizierte Operation – die Entfernung einer Geschwulst in der Wirbelsäule – führte der bekannte deutsche Chirurg Förster aus, derselbe, der Lenin behandelte. Die Operation dauerte viereinhalb Stunden, die Betäubung war nur lokal, in den letzten zwei Stunden wirkte sie nicht mehr. Welch übermenschliche Geduld brauchte es, um dies zu ertragen!

Der Wunsch zu leben und zu arbeiten war so stark, daß Boris Michailowitsch alles ertrug – und er konnte sein Märtyrerleben noch einige Jahre fortsetzen. Nach der Operation sah ich ihn fröhlicher, die quälenden Krämpfe hatten nun aufgehört. Einmal sagte er sogar, daß das Gefühl in die Beine zurückzukehren scheine. Aber davon war dann niemals mehr die Rede. Nach der Operation ging es ihm nur

ein wenig besser, zu einem richtigen Leben wurde die Vita nicht ...
Der Winter 24/25 verband mich noch enger mit Kustodijew: In diesem Winter kam im (Zweiten) Künstlertheater in Moskau unser neues gemeinsames Kind zur Welt – das Stück ›Der Floh‹.*

Das Theater – und dies ist verständlich – wollte einen Bühnenbildner bei der Hand haben, in Moskau. Man versuchte es mit Krymow, doch was er machte, gefiel nicht. Die Proben waren aber schon in vollem Gange, es war an der Zeit, die Dekorationen anzufertigen. Eines Morgens saß ich mit dem Regisseur des ›Flohs‹ – Diki – zu zweit im leeren, dunklen Foyer, und wir sprachen – nein, wir sprachen nicht, sondern wir schwiegen darüber. Wir hatten beide denselben Namen auf der Zunge: Kustodijew, und sprachen ihn beide gleichzeitig aus. Wir schickten Kustodijew ein Telegramm und erhielten die Antwort, daß er einverstanden sei und bereits an die Arbeit ginge.

Er arbeitete mit großer Hingabe am ›Floh‹. Das ist auch begreiflich: Hier konnten die Farben seiner geliebten Rus ihre ganze Leuchtkraft entfalten. Und ich glaube mich nicht zu täuschen, wenn ich sage, daß dies eine seiner gelungensten Theaterarbeiten war – vielleicht sogar die gelungenste.

Wieder fuhr ich aller zwei, drei Tage zu Boris Michailowitsch, er zeigte mir das Geschaffene, wir dachten uns neue Einzelheiten, neue amüsante Tricks aus. Mit ihm zu arbeiten war ein echtes Vergnügen. In diesem großen, vollendeten Meister war nicht die Spur kleinlicher Eitelkeit, er hörte willig an, was man ihm sagte, und mehr als einmal geschah es, daß er das schon Entworfene veränderte. Er wollte, daß es eine wirklich gute Aufführung würde – und er scheute keine Mühe und tat alles dafür, was er konnte.

Bald waren seine Dekorationsentwürfe fertiggestellt und

* nach der Erzählung von Nikolai Leskow (Anm. d. Ü.).

nach Moskau abgeschickt, und einen Tag später kam von dort ein begeisterter Brief Dikis. Jetzt war das Theater vom Erfolg der Aufführung fest überzeugt.

Kustodijew mußte sich immer wieder von der angespannten Arbeit am ›Floh‹ losreißen, um verschiedene langweilige Aufträge – Umschläge, Illustrationen – auszuführen. Er war sehr erschöpft, aber trotzdem beschloß er, unbedingt zur Premiere des ›Flohs‹ nach Moskau zu fahren – und um den 7., 8. Februar war er bereits dort. Man quartierte ihn direkt im Theater ein, im Zimmer der Direktion, neben dem Foyer. Ich entsinne mich, daß alle Schauspieler ihn mit besonderer Zärtlichkeit behandelten. Eine Wallfahrt ins Direktionszimmer begann: Bald kam der eine, bald der andere, und manchmal mehrere auf einmal. Und die Arbeit an der Aufführung ging – nun schon fieberhaft, vor der Generalprobe – ihren Gang, und von diesem Fieber wurde Boris Michailowitsch angesteckt. In den leeren, dunklen Saal, der nur von dem Lämpchen am Regietisch beleuchtet war, kam sein Stuhl hereingerollt und blieb im Gang stehen, Boris Michailowitsch selbst überprüfte den Bühnenaufbau, das Licht, die Masken, die Kostüme ...

Und schließlich stand Boris Michailowitschs Stuhl im bereits hell erleuchteten Saal. Die Dekorationen zu jedem Akt wurden mit Beifall begrüßt. Das Theater feierte einen Triumph – und selbstverständlich war ein großer Anteil an diesem Triumph Kustodijew zuzuschreiben.

Am bedeutsamsten war, will mir scheinen, daß Kustodijew in dieser Inszenierung nicht nur das Publikum, sondern auch sich selbst bezwang. Das war womöglich seine erste größere Arbeit, in der er sich von seiner gewöhnlich realistischen Manier völlig löste und als ein großer Meister auf einem bei ihm scheinbar vollkommen überraschenden Gebiet in Erscheinung trat – dem der Groteske. Doch auch auf diesem Gebiet blieb er seinem unverbrüchlichen Thema treu – der Rus.

Im Frühjahr 24 erhob sich die Frage nach einer Inszenierung des ›Flohs‹ am ehemaligen Alexandertheater. Es schien, daß die Inszenierung, wenn Kustodijew auch hierzu die Ausstattung übernähme, zu sehr der Moskauer ähneln würde. Man versuchte es mit anderen Künstlern, zunächst fertigte einer, dann ein zweiter Skizzen und Modelle zum ›Floh‹ an, aber alles war nicht das Rechte.

Wie der ›Floh‹, in den er sich so hineingelebt hatte und den er so liebte, ohne ihn zustande kommen sollte – das konnte sich Boris Michailowitsch nicht vorstellen. »Ich werde es trotzdem noch einmal machen, ganz anders – und wenn es nur für mich ist«, sagte er zu mir. Und tatsächlich fertigte er neue Entwürfe für Dekorationen und Kostüme an. Kustodijew blieb darin natürlich Kustodijew, aber seine reiche Phantasie vermochte es, eine andere – und nicht weniger gelungene – Lösung der Aufgabe zu finden.

Die Entwürfe wurden in der Leningrader Inszenierung des ›Flohs‹ am Großen Dramatischen Theater (im Winter 1926/27) ausgeführt.

Nach der Leningrader Premiere des ›Flohs‹ veranstaltete der närrische Verein ›Physiko-Geozentrische Assoziation‹, abgekürzt ›Phyga‹,* einen – Flohabend! Für diesen Abend verfaßte ich die parodistische Erzählung ›Die Vita des Flohs‹. Darin kamen der Autor des Stückes vor, der Bühnenbildner, die Schauspieler und die Kritiker. Boris Michailowitsch las die ›Vita‹ und drohte mir im Scherz: »Nun gut: das zahle ich Ihnen heim – Sie werden noch daran denken.«

Als ich Kustodijew das nächstemal sah, hatte er bereits angefangen, es mir ›heimzuzahlen‹: Er zeigte mir seine ersten beiden Zeichnungen zur ›Vita des Flohs‹. Diese spöttisch-frommen Zeichnungen waren in der gleichen Manier – der des alten russischen Holzschnitts – ausgeführt wie die

* Die russische Abkürzung bedeutet ›Feige‹, auch im Sinne von ›jemandem die Feige zeigen‹ (Anm. d. Ü.).

Illustrationen zum ›Erasmus‹, aber sie waren noch eleganter, pointierter, leichter, lakonischer. Das kam vielleicht daher, daß Kustodijew sie heiter, spielerisch, für sich angefertigt hatte.

Von den geplanten – soweit ich mich erinnere – zwölf Zeichnungen machte er nur sieben: Er kam nicht mehr dazu, es mir endgültig ›heimzuzahlen‹.

Die Leningrader Inszenierung des ›Flohs‹ und das Büchlein ›Die Vita des Flohs‹ waren bereits meine letzten gemeinsamen Arbeiten mit Kustodijew.

Noch einmal kam ich Boris Michailowitsch im Sommer des Jahres 26 nahe.

Kaum begannen vor dem Fenster auf dem getrockneten Pflaster frühlingslaut die Räder zu rattern, da fing Boris Michailowitsch nach seiner Gewohnheit an, vom Reisen zu träumen. Und wie üblich besaß er kein Geld für weite Reisen. »Wohin nur, wohin könnte man bloß fahren, so daß das Kapital ausreichte und es keine Petersburger Datscha wäre, sondern etwas Richtiges?« fragte er mich.

Ich hatte vor, diesen Sommer in meiner Heimat zu verbringen, im tiefsten Schwarzerdegebiet Rußlands – in dem Städtchen Lebedjan im Gouvernement Tambow. Ich schlug auch Kustodijew vor, dorthin zu fahren, ehrlich gesagt, ohne jede Hoffnung, daß mehr als ein Gespräch daraus würde, denn es war nicht leicht, hinzukommen: zwei Nächte mit dem Zug, eine davon im ungepolsterten Waggon. Aber als ich von den Roggenfeldern erzählte, von dem mit Kirchen besetzten Berg, von den Gärten voller saftiger Äpfel – da geriet Boris Michailowitsch plötzlich in Feuer und beschloß, all das unbedingt zu sehen.

Ich fuhr vor ihm nach Lebedjan. Boris Michailowitsch traf mit seiner Familie erst anderthalb Monate später ein, Anfang August. Bei seiner Ankunft hatte sich schon eine Wohnung für ihn gefunden – zwei Zimmer mit Balkon in einem weißen, einstöckigen Häuschen, mit Fenstern, die auf eine grasbewachsene Gasse hinausgingen. Vor dem Balkon lief ein angepflocktes weißstirniges Kälbchen herum und watschelten hochmütig die Gänse. An den Markttagen holperten Wagen vorüber und scheuchten die Gänse auf, und buntgekleidete Weiber kamen aus den nahegelegenen Dörfern zu Fuß vorbeigelaufen. Das eine Ende der Gasse führte zu einem blauen Glockenturm aus der Zeit Elisabeths, schief wie der Turm von Pisa, das andere in die endlosen Felder. Das war das ›Richtige‹, das war die Rus.

Ich wohnte in der Nachbarstraße – fünf Minuten von der Wohnung der Kustodijews. Jeden Tag besuchten entweder meine Frau und ich Boris Michailowitsch, oder man brachte ihn im Rollstuhl zu uns in den Garten, oder wir begaben uns mit den Kustodijews ans Donufer, auf die Weide, in die Felder. Und hier sah ich, mit welcher Gier Boris Michailowitsch alles mit seinen ausgehungerten Augen verschlang, wie er sich über die Weite freute, über einen Regenbogen, die Gesichter, den Sommerregen, einen rotbackigen Apfel.

Im Garten des Hauses, das ich bewohnte, gedieh das Obst in diesem Sommer besonders prächtig. Oft hoben wir für Boris Michailowitsch einen Zweig mit Äpfeln auf, dann fuhren wir ihn im Rollstuhl dorthin – und er pflückte die Äpfel selbst vom Baum. »So habe ich es mir auch gewünscht – sie selber pflücken«, sagte er. Und während er krachend in den Apfel biß, warf er Skizzen aufs Papier: Der Ausblick von oben, vom Garten, auf das jenseitige Donufer gefiel ihm sehr.

Ich hatte Boris Michailowitsch früher selten so heiter, gesprächig, zu Scherzen aufgelegt gesehen wie in diesem Monat. Aber Ende August wurde das Wetter schlecht, es kühlte ab, Regen fiel. Boris Michailowitsch begann über die Kälte zu klagen – und bald fuhr er nach Hause, nach Leningrad. Im Winter traf ich ihn dort bereits bei den Proben zum ›Floh‹

im Großen Dramatischen Theater. Und als es wieder Sommer wurde, war Boris Michailowitsch nicht mehr unter uns.

So schloß sich der Kreis meiner Begegnungen mit Kustodijew: von dem Buch ›Die Rus‹ bis zu dieser lebendigen Rus; so kam es, daß er mit ihm, seinem geliebten Rußland, den letzten Sommer seines Lebens verbrachte. Das war kein Zufall: Im Grunde war die Rus das einzige Thema all seiner Arbeiten, er war ihr nie untreu, auch sie war es ihm nicht – und würde es nie sein.

Nach Kustodijews Tod sprach ich mit einem unserer großen Künstler über ihn. Mein Gesprächspartner gestand mir: «Zu seinen Lebzeiten habe ich die Arbeiten von Boris Michailowitsch vielleicht nicht einmal besonders gemocht. Aber jetzt, wo er tot ist, sehe ich, wie sehr er fehlt, und ich sehe, daß es niemanden gibt, der seinen Platz einnehmen könnte, und so wird dieser leer bleiben.«

Er hatte recht. Denn Kustodijew war ein einzigartiger, einmaliger Künstler – und einzigartig war sein staunenswertes Märtyrerleben.

1927

Inhalt

Der russische Teil mit den Zeichnungen von Boris Kustodijew ist ein
geringfügig verkleinerter Nachdruck der in eintausend
numerierten Exemplaren erschienenen Originalausgabe:
Евг. Замятин, О том как исцелен был отрок Еразм,
изд. ›Петрополис‹, Petrograd und Berlin 1922

ISSN 0233-1047
ISBN 3-7351-0027-9

Insel-Verlag Anton Kippenberg, Leipzig
Erste Auflage
Lizenz Nr. 351/260/25/86 LSV 7201
Redakteur: M. Fink
Gesetzt und gedruckt in den Druckwerkstätten Stollberg VOB,
gebunden in der VOB Kunst- und Verlagsbuchbinderei Leipzig
Schrift: Garamond-Antiqua
Überzuggestaltung unter Verwendung einer Zeichnung
von Boris Kustodijew
Printed in the German Democratic Republic
Bestell-Nr. 787 304 4
00250